대월국 왕족, 고려 사람이 되다

05 고려 후기

대월국 왕족, 고려 사람이 되다

글 최주혜 | 그림 이장미 | 감수 이강한

스콜라

• 추천의 글 •

새로운 세계를 보여 주는 역사 동화

　고려 후기는 지금 우리에게는 조금 낯선 시기입니다. 외세의 간섭이 이어진 암흑기로 알려져 있을 뿐이지요. 이 시기에 우울한 일들이 많았던 것은 사실입니다. 몽골은 13세기 전반부터 14세기 후반까지 고려인들의 삶 구석구석에 들어왔습니다. '원 간섭기'라는 명칭이 생겨난 것도 무리는 아닙니다.

　전쟁, 정치적 간섭, 경제적 약탈 그리고 공녀로 끌려가야 했던 여인들까지, 고려인들은 이전에 겪어 보지 못한 시련을 당했습니다. 국왕이 원 황제의 사위가 되고 백성들은 몽골 옷으로 갈아입어야 했던 것도 힘들었을 테지만, 몽골의 피가 섞인 왕이 즉위하는 데 이르러서는 모든 희망을 잃어버렸을지도 모릅니다. 그러나 모든 상황에는 양면이 있습니다. 예상치 못한 장애물은 진로를 바꿔 놓지만, 그 덕분에 전혀 새로운 길을 가 볼 수 있기 때문입니다. 이처럼 고난이 반대로 기회가 되는 상황은 고려 후기에도 이어졌습니다.

   14세기 전반에 이르러 고려인들은 새로운 삶을 개척하기 시작했습니다. 원 제국의 정치적 간섭과 경제적 약탈이 이전에 비해 줄어들었고, 관료와 국왕들은 적극적으로 원과 교섭하며 고려에 유리한 상황들을 만들어 갔습니다. 고려의 상인들은 외국의 무역 네트워크를 활용해 이전보다 더 활발하게 교류했고, 이전에는 상대하지 못했던 더 먼 곳의 상인들과도 적극적으로 거래했지요. 이러한 과정을 겪으면서 원 제국을 바라보는 시선이 달라졌습니다. 고려인들은 신분과 직업을 가리지 않고 원의 문물을 받아들여서 고려의 전통 풍습에 녹여 냈습니다. 진정한 의미에서 공존이 시작되었던 것입니다.

   이러한 상황에서 고려의 어린이들은 어떠했을까요? 이해관계에 얽히지 않은 어린이들에게 다른 나라와의 공존은 새로운 가치관을 만드는 계기가 되었을 것입니다. 여러 문화 사이에서 새로운 균형을 잡고 다른 나라의 아이들과 직접 교류하며, 이전과는 색다른 차원의 우정과 존중의 마음을 쌓아 갔을 테고요.

《대월국 왕족, 고려 사람이 되다》는 바로 이 부분을 주목한 역사 동화입니다. 오늘날의 우리가 생각해 보지 못한, 색다른 모습의 우정을 그리고 있지요. 이 시기에는 외국인들이 한반도에 들어와 오랫동안 머물렀습니다. 중국인, 몽골인, 유럽인은 물론이고, 베트남처럼 먼 나라에서도 아이들이 들어왔을 가능성이 높습니다. 이런 다양한 나라의 아이들이 서로 우정을 나누기 시작하면서 고려는 이전과 다르게 변했습니다. 우리가 상상해 보지 않았던 14세기의 변화는 당시의 아이들에게서 비롯되었을도 모릅니다.

이제는 고려 후기를 새로운 눈으로 바라보아야 합니다. 이 시기에 대한 새로운 이해는 이후 조선 시대에 대한 생각을 바꿔 놓음은 물론, 21세기를 살아가는 오늘날의 우리에게도 큰 영감이 될 것입니다. 작가의 상상력에 경의를 표하며, 더욱 열심히 공부해야겠다는 생각에 잠깁니다. 이 책을 읽은 어린이들에게도, 이 책과의 만남이 새로운 세계로 뻗어 나가는 기회가 되기를 바란다는 마음을 전합니다.

이강한

● 작가의 말 ●

상상의 나래를 펴고 열린 세계로

    요즘 길거리를 걷다 보면 심심치 않게 외국인을 만날 수 있어요. 주요 관광지에는 한국 사람보다 외국 사람이 더 많게 느껴질 정도지요.

    먼 옛날 13~14세기 고려의 수도 개경에는 지금 못지않게 외국 사람이 많았어요. '지나는 사람 열 명 중 한 명은 외국인이다'라는 기록이 있을 정도였지요. 고려 전기에는 벽란도를 통해서, 원의 세력이 막강했던 고려 후기 원 간섭기에는 원나라를 통해 세계 각국의 사람들이 들어왔어요.

    머나먼 베트남(대월국)에서 고려로 온 왕자에 대한 이야기도 전해지지요. 베트남 왕자는 화산 이씨의 족보에서 찾아볼 수 있어요. 기록에 의하면 왕자는 정권이 바뀐 후 목숨을 구하려고 나라를 떠났고 먼 여행 끝에 고려에 도착했어요. 고려 정부는 베트남 왕자를 잘 대접하고 정착해 살 수 있도록 배려해 줬지요. 여러 가지 이유로 나라를 등진 지금의 난민과도 비슷한 경우라고 할 수 있어요.

베트남 왕자를 알게 된 후 궁금한 것들이 꼬리를 물고 생겨났어요. 왕자의 후손들은 고려에서 어떤 모습으로 살았을까? 혹시 고려 사람과 결혼도 했을까?

반야와 탕롱은 이런 궁금증을 하나씩 풀어 가면서 만들어진 인물이에요. 적극적이고 활달한 고려 소녀와 비밀을 간직한 참파 소년의 만남! 상상을 거듭할수록 반야와 탕롱의 모습이 뚜렷해졌고, 이야기가 싹을 틔웠어요. 반야의 사돈으로 등장하는 안남 이씨는 고려에 살았다던 왕자의 후손, 화산 이씨를 본보기 삼아 지어냈고요.

상상 속에서 싹튼 이야기가 꽃을 피우더니 마침내 책으로 열매를 맺어 여러분을 만날 수 있게 되었어요. 참! 이건 비밀이지만 한 가지만 귀띔해 줄게요. 으스스한 밤에 귀신 소동이 벌어진답니다. 그다음은…….

그럼, 반야와 탕롱이 활약한 고려 속으로 우리 함께 들어가 볼까요?

최주혜

차례

추천의 글
새로운 세계를 보여 주는 역사 동화   4

작가의 말
상상의 나래를 펴고 열린 세계로   8

주홍 코끼리 석상   12

《제왕운기》와 《삼국유사》 ● 국자감 ● 원나라 ● 원 간섭기
회회인이 퍼뜨린 코리아 ● 권문세족

펼침 정보 몽골(원)의 침략에 맞선 고려   36

탕롱과 빈랑 열매   38

대월국의 왕자 ● 힌두교 ● 빈랑
펼침 정보 베트남의 옛 나라들, 대월과 참파   50

단짝이 된 세 친구   52

공녀와 결혼도감 ● 고려를 지킨 이제현 ● 가네샤
미선 유적 ● 침향

우물귀신 작전　68
장순룡 ● 가구소와 순마소 ● 고려 속요

모두가 하나 되는 연등회　85
연등회 ● 호기 ● 채붕과 산대

고려인이 된 탕롱　104
나전 칠기 만드는 법 ● 아름다움을 중요하게 여긴 고려 사람들 ● 고려양과 몽골풍

펼침 정보　정교하고 화려한 고려의 공예　122

읽고 나서 생각하기
다양한 문화를 끌어안은 고려의 힘　124

주홍 코끼리 석상

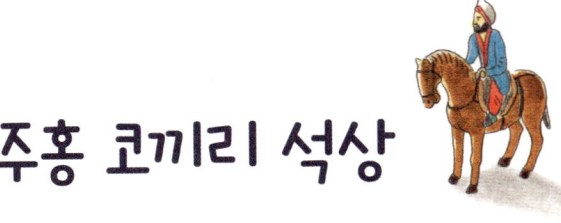

반야는 이른 아침부터 어머니한테 붙잡혀 바느질을 했어요. 어머니는 반야가 바늘 한 땀을 뜰 때마다 잔소리를 퍼부었어요.

"그렇게 삐뚤빼뚤 바느질하면 어떡해! 제대로 못 하겠니?"

어머니는 답답한지 가슴을 주먹으로 치고는 차가운 식혜라도 마셔야겠다며 부엌으로 갔어요. 반야는 어머니가 나가자마자 바느질감을 팽개치고 방문을 살짝 열었어요. 마당에는 아무도 없었어요.

'바로 지금이야!'

반야는 발꿈치를 들고 살금살금 대문 쪽으로 가다 우뚝 섰어요.

'아차차! 부엌이랑 대문이 가까운 걸 깜박했네.'

그렇다고 도로 들어가기는 죽어도 싫었어요. 반야는 바느질이나 길쌈처럼 진득하게 앉아서 하는 걸 싫어했어요. 바느질을 할 때면 손가

락을 찔려 피가 나기 일쑤였고, 길쌈을 할 때도 실이 엉켜 엉망이 되고는 했지요.

 이런 반야와 달리 어머니는 손재주가 좋기로 소문이 자자했어요. 외할아버지를 따라다니며 장인들의 솜씨를 보고 배운 터라 더 특별했지요. 외할아버지는 궁궐에서 쓰는 그릇이나 장식품을 담당하는 중상서

관리였어요. 평범한 나무 소반도 어머니의 손길이 닿으면 멋진 나전 칠기로 변신했어요. 길쌈은 또 어떤가요? 어머니가 화려한 꽃무늬를 짜 넣은 모시는 보는 사람마다 탐을 냈어요.

'어떡하지? 무슨 좋은 수가 없을까?'

반야는 눈동자를 또록거리며 주변을 살폈어요. 마침 담벼락 아래 둥글게 말린 멍석이 눈에 띄었어요.

'저 정도면 충분하겠는데?'

반야는 일단 치맛단을 둘둘 말아 올려 허리춤에 척 넣었어요. 활동하기 편하도록 짧게 줄인 치마인데도 담을 넘으려면 거추장스러웠거든요. 그다음 쏜살같이 달려 멍석을 박차고 위로 뛰어올랐어요. 치마 속에 입은 통 넓은 바지가 바람에 펄럭였어요.

"에구머니, 또 어딜 가는 게야? 어서 내려오지 못해!"

어머니가 부엌에서 고개를 내밀고 고함을 쳤어요. 담 위에 올라선 반야는 엉거주춤 돌아보며 배시시 웃었어요.

그때 책에 고개를 파묻고 느릿느릿 걸어오는 박사가 보였어요. 이름은 '이지공'이지만 반야는 박사라고 불렀어요. 나이는 열두 살 동갑내기인데 모르는 게 없었거든요. 무엇이든 물어보면 국학 박사님처럼 척척 대답해 줬지요. 반야는 마침 잘됐다 싶었어요.

"박사가…… 아니, 지공이가 잠깐 나오래요."

반야는 손나팔을 만들어 엄마한테 소리치고 담장에서 훌쩍 뛰어내렸어요. 담 밑에서 졸던 고양이가 깜짝 놀라 등을 구부리며 '하악' 소리를 냈어요. 갑작스레 앞을 막아선 반야를 보고 박사가 어리둥절한 표정을 지었어요.

"내가 언제 나오랬어?"

"나중에 얘기해 줄게. 일단 뛰어!"

반야는 막무가내로 박사의 손을 잡고 달음질치기 시작했어요. 한참 뛰다 골목을 벗어나자 박사가 손을 잡아 빼며 물었어요.

"왜 도망치는 건데?"

반야는 빨간 딱지가 앉은 손가락을 박사 눈앞에 척 내보였어요. 박사가 쯧쯧 혀를 찼지요.

"또 찔렸어?"

반야는 입을 앙다물고 고개를 끄덕였어요. 어려서부터 단짝 친구여서 그런지, 박사는 길게 말하지 않아도 단박에 알아들었어요.

반야는 박사가 들고 있는 책을 유심히 봤어요. 평소 박사네를 자주 들락거려 집에 뭐가 있는지 훤한데 이 책은 처음 보는 거였어요.

"그 책은 또 뭐야? 못 보던 건데?"

"《제왕운기》라는 역사책이야. 국왕이 바른 정치를 펼쳐야 한다는 내용인데, 우리나라와 중국의 역사도 담겨 있어."

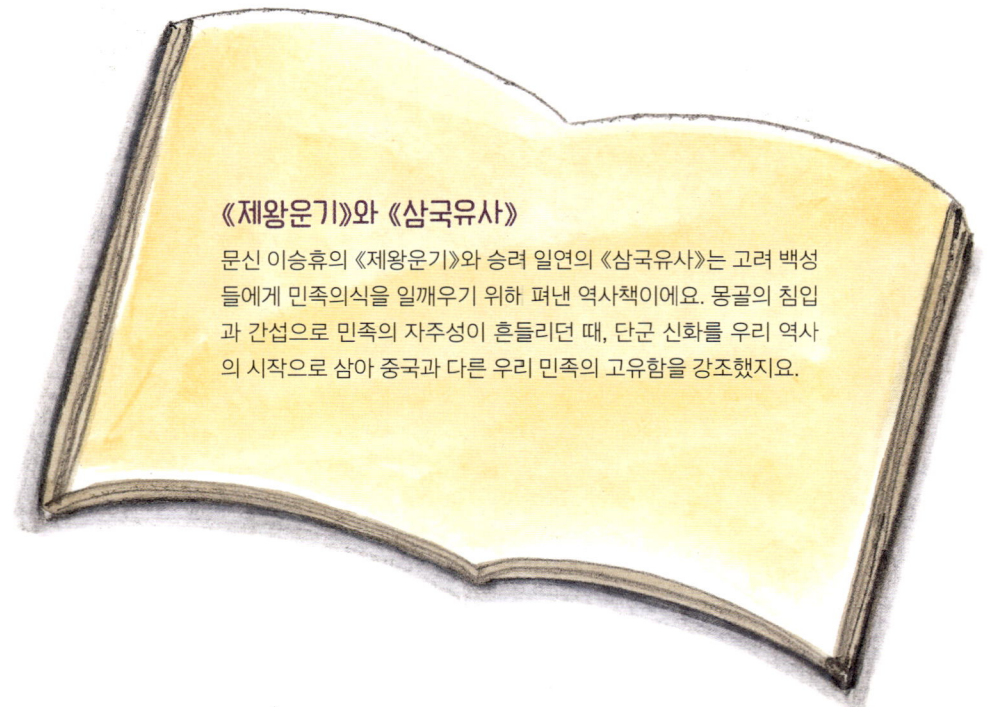

《제왕운기》와 《삼국유사》

문신 이승휴의 《제왕운기》와 승려 일연의 《삼국유사》는 고려 백성들에게 민족의식을 일깨우기 위하 펴낸 역사책이에요. 몽골의 침입과 간섭으로 민족의 자주성이 흔들리던 때, 단군 신화를 우리 역사의 시작으로 삼아 중국과 다른 우리 민족의 고유함을 강조했지요.

반야는 고개를 갸우뚱했어요.

"공부 벌레가 웬일이래? 제술 공부 대신 역사책을 다 읽고."

고려에서 관리가 되려면 과거 시험을 거쳐야 했어요. 글 짓는 능력을 보는 제술과와 유학 경전의 내용을 묻는 명경과에 모두 합격해야 문관이 될 수 있었어요. 그런데 나라에서 글 짓는 능력을 훨씬 중요하게 여기는 바람에 과거 준비생들은 경전 공부에 소홀했지요.

"과거 시험은 학문의 길 중 하나일 뿐! 다양한 책을 읽어야 학문이 깊어지지. 너도 읽고 싶으면 말해. 언제든 빌려줄게."

박사가 진짜 박사처럼 근엄한 말투로 설명했어요. 이럴 때 보면 다 큰 어른 같았어요.

"역사라면 밥 먹을 때마다 듣고 있다고."

반야는 콧등을 찌푸리며 진저리를 쳤어요. 아버지가 바로 국학에서 역사를 가르치는 교수였거든요.

국자감

고려 시대 관리를 길러 내기 위해 나라에서 세운 교육 기관으로, 오늘날의 국립 대학과 같은 곳이에요. 국자감은 원 간섭기에 '국학'으로 이름이 바뀌었다가 고려 말에 '성균관'으로 바뀌어 조선 시대까지 이어졌어요. 사학은 무신 정권과 몽골 침략을 거치며 쇠퇴했고, 국자감은 그 명맥을 오랫동안 이어갔어요.

"역사를 모르면 나라가 약해지고 백성이 힘들어지는 법이지."

역사 이야기를 할 때마다 아버지는 목에 핏대를 세우고는 했어요. 그럴 때면 반야의 눈동자는 아버지가 흔드는 밥숟가락을 좇느라 바빠졌어요. 아버지는 흥분하면 손을 쾅쾅 내리치는 버릇이 있었는데, 특히 원나라의 간섭을 받고 있는 현실을 한탄할 때면 더했어요.

"오랜 전쟁을 끝내려고 원나라와 화친을 맺을 때 원종 임금께서는 고려의 독립을 보장받고 고유의 풍습을 지켜 내셨지. 그런데 점점 몽골 풍습을 따라 하는 고려 사람이 늘어만 가니, 쯧쯧."

그러면서 밥숟가락으로 탁자를 내리치다 어머니가 아끼던 청자 그릇을 몇 개나 깨뜨렸는지 몰라요. 하지만 어머니는 아버지에게는 아무 소리 안 하고 반야만 잡았어요.

"아버지는 학문을 하시니 먹고사는 문제는 내가 알아서 해야지. 반야 너도 열심히 배워 놔야 혼인하고 집안 살림을 잘 돌볼 수 있는 게야."

원나라

칭기즈 칸의 손자이자 몽골의 제5대 황제인 쿠빌라이가 세운 나라예요. 쿠빌라이는 몽골 제국의 수도를 카라코룸에서 '대도'로 옮기고 나라 이름을 '원'이라고 지었어요. 원의 수도 대도는 지금의 베이징으로 '연경'이라고도 불렸어요.

이러면서 평소보다 길쌈이나 바느질을 두 배나 시켰어요. 반야가 꾸벅꾸벅 졸기라도 하면 등짝을 후려쳤지요.

고려 여자들은 신분이 높건 낮건 길쌈을 중요하게 여겼어요. 길쌈으로 베를 짜면 옷도 지을 수 있고 시장에 내다 팔 수도 있었기 때문에 생활을 꾸리는 데 도움이 되었거든요. 반야 아버지는 과거 급제를 하고도 오랫동안 관직을 얻지 못했기 때문에 살림은 어머니가 도맡아서 꾸려 왔어요. 아버지가 교수가 돼 살림이 넉넉해진 요즘도 어머니는 결코 게으름을 피우지 않았어요.

"그런데 어디 가려는 거야?"

박사가 생각에 빠져 있던 반야를 흔들었어요.

"글쎄……."

무작정 도망쳐 나온 반야는 막상 어디에 가야 할지 몰랐어요. 순간 사람들로 북적거리는 남대가가 떠올랐어요. 모락모락 김 나는 쌍화와 둘이 먹다 하나가 죽어도 모를 설적도 떠올랐어요. 상상만 해도 군침이 돌았어요.

"우리 남대가에 가자. 며칠 후면 설날이니까 평소보다 구경거리가 더 많을 거야."

박사는 잠시 망설이더니 책을 탁 덮었어요.

"그래, 가자! 오늘 신나게 놀고 더 열심히 공부하면 돼."

"맞다! 너 다음 주에 시험 보지? 그런데 놀아도 괜찮겠어?"

박사는 학당에서 과거 전에 예비 시험으로 치르는 국자감시를 준비하고 있었어요. 반야는 괜히 박사의 공부를 방해하는 게 아닌지 신경이 쓰였어요.

"이 정도로 시험을 망치면 박사가 아니지!"

반야는 엄지손가락을 치켜들고 고개를 끄덕였어요.

둘은 남대가로 발걸음을 재촉했어요. 남대가에 가까워질수록 점점 변발에 호복을 입은 사람들이 많아졌어요.

'고려가 원나라 세상만 아니어도 아버지가 숟가락 휘두를 일도 없고, 청자 그릇도 멀쩡했을 텐데 말이야. 그럼 나도 편했을 거고······.'

반야는 새삼스레 몽골식 차림의 사람들이 꼴도 보기 싫어졌어요. 그래서 가자미눈으로 흘겨봤어요. 그랬더니 느닷없이 칼바람이 불어왔어요. 남자들은 너도나도 반들거리는 대머리를 감쌌어요. 바람도 반야의 속마음을 아는가 봐요.

원 간섭기

고려가 원나라의 지배를 받던 시기를 원 간섭기라고 해요. 이 시기에 고려의 왕자는 원의 공주와 결혼을 했고, '사위의 나라'가 된 고려는 정치적 간섭을 겪어야 했어요. 원나라에 충성하라는 의미로 왕의 이름 앞에 '충' 자를 붙여야 했고 관직의 격도 낮아졌지요. 원의 간섭은 원나라가 힘을 잃어 가던 14세기까지 무려 100여 년 동안 지속되었어요.

어느새 남대가에 도착했어요. 남대가는 고려가 자랑하는 청자와 인삼뿐 아니라 멀리 서역에서 들여온 물건까지 없는 게 없는 시장 거리였어요. 세계 여러 나라에서 온 상인들도 많았어요. 이들은 원나라를 통해 고려로 들어와 교역을 했고, 자기 나라로 돌아가지 않고 아예 눌러살기도 했어요. 그래서 개경 사람 열 명 중 한 명은 외국인이라는 말도 있었어요.

'역시 도망치기를 잘했어. 안 그랬으면 아직도 바느질이나 하고 있겠지?'

반야는 기분이 좋은 나머지 휘파람이 절로 나왔어요. 반야와 박사는 두리번거리며 이곳저곳을 구경했어요. 신기한 외국 물건을 파는 상점들이 큰길 양쪽으로 죽 늘어서 있었어요. 상점마다 깃대를 높이 달고 천막을 쳐 손님들의 눈을 끌었어요.

거리 한복판에는 이 층으로 지은 찻집이 있었어요. 차를 마시며 이야기를 나눌 수 있고, 먼 곳에서 온 상인들이 방을 빌려 머무르기도 했기 때문에 가게는 늘 북적거렸어요. 반야와 박사가 그 앞을 지나가는데 이 층에서 끽끽거리는 원숭이 소리가 들렸어요. 반야는 무슨 일인가 싶어 고개를 들었어요. 그 순간 뭔가 눈앞으로 뚝 떨어졌어요.

"으악! 이게 뭐야!"

반야는 엉겁결에 두 손을 뻗어 아슬아슬하게 떨어지는 것을 잡았어요. 학과 구름무늬가 아름답게 새겨진 고려청자였어요.

"이 귀한 청자를 누가 떨어뜨렸지?"

박사도 깜짝 놀랐는지 가슴을 쓸어내리며 찻집 이 층을 쳐다봤어요. 마침 두 사람이 헐레벌떡 뛰어 내려왔어요. 한 명은 고려 사람이고 나머지 한 명은 커다란 터번을 머리에 두른 회회인이었어요.

청자 주인으로 보이는 고려 사람이 청자를 받아 이리저리 살펴보더니, 마음이 놓였는지 길게 숨을 내쉬었어요.

"애야, 너 아니었으면 큰일 날 뻔했구나. 저놈의 원숭이가 갑자기 달려드는 바람에 청자가 손에서 미끄러졌단다."

회회인의 어깨에 원숭이 한 마리가 매달려 있었어요. 회회인도 놀랐는지 얼굴이 고려청자보다 더 새파랬어요.

고려청자는 독특한 푸른빛을 띠어 '고려 비색'이라 불리며 외국에서 비싼 값에 팔렸어요. 그중에서도 상감 기법으로 정성 들여 만든 것

회회인이 퍼뜨린 코리아

이슬람 세계 사람들을 회회인 또는 색목인이라고 불렀어요. 원나라에서는 회회인을 중국인보다 더 우대하며 중요한 관직을 맡겼어요. 회회인들은 고려에도 많이 드나들었는데, 주로 무역을 하거나 원나라 공주가 시집올 때 따라와 정치에 참여하기도 했어요. 이때부터 고려는 카오리 또는 코리아라는 이름으로 세계에 널리 알려지게 되었지요.

이 특히 인기가 높았어요.

청자 주인이 원숭이를 손가락으로 가리키며 몽골어로 말했어요.

"뭐라는 거야?"

반야가 박사에게 귓속말로 물었어요. 박사는 몽골어를 배우는 중이라 간단한 말은 알아들을 수 있었거든요. 원나라는 먼 곳의 서쪽 지역까지 다스렸기 때문에 몽골어는 어느 나라에서나 중요하게 쓰였어요.

"원숭이가 소란을 피우지 못하도록 목줄을 매라는 거야."

박사가 소리 죽여 대답했어요. 회회인은 고개를 끄덕이고는 원숭이를 안고 목줄을 씌우려 했어요.

"끼긱 끽끽끽!"

원숭이는 목줄이 싫은지 요상한 울음소리를 내지르더니 근처에 있던 수레 위로 냉큼 올라갔어요. 수레에는 앵무새와 공작새를 넣은 새장이 가득 실려 있었어요. 느닷없이 달려든 원숭이 때문에 놀란 앵무새가 좁은 새장 안을 푸드덕거리며 날아다녔어요. 공작새는 알록달록한 꼬리를 활짝 펴고 목을 길게 빼 두리번거리기 바빴지요. 회회인이 목줄을 휘두르며 원숭이를 쫓았어요. 하지만 원숭이는 약 올리듯 요리조리 도망쳤어요. 반야와 박사도 덩달아 원숭이를 쫓았지만 재빠른 원숭이를 따라잡을 수는 없었어요.

원숭이를 쫓느라 기운이 빠진 반야와 박사는 다시 길을 터벅터벅 걸어갔어요. 그때 어디선가 구수한 냄새가 풍겼어요. 냄새를 따라갔더니 커다란 솥에 죽이 펄펄 끓고 있었어요. 스님들이 주걱으로 유랑민에게 죽을 퍼 주고 있었어요. 반야는 저도 모르게 입맛을 쩝쩝 다셨어요. 어머니 등쌀에 아침도 먹는 둥 마는 둥 한 데다 원숭이 때

문에 한참 뛰었더니 몹시 배가 고팠거든요.

"아! 주머니에 밤이 있었지."

반야가 허리춤에 매단 비단 주머니를 뒤져 보니 삶은 밤 두 개가 나왔어요.

고려 여자들은 비단 주머니에 향기로운 향을 넣고 다녔어요. 하지만 꾸미는 것보다 먹는 걸 훨씬 좋아하는 반야는 밤이나 대추를 넣고 다녔지요. 유난히 밤을 좋아하는 반야를 위해 어머니는 가을마다 밤을 따 항아리에 넣어 뒀어요. 그러면 겨우내 맛있는 밤을 먹을 수 있었지요.

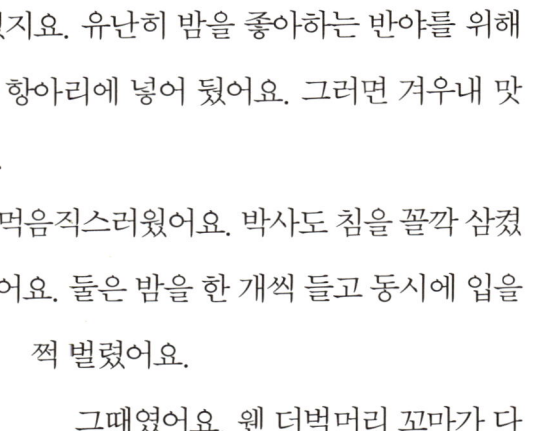

반들반들 윤이 나는 밤은 먹음직스러웠어요. 박사도 침을 꿀깍 삼켰어요. 둘은 밤을 한 개씩 들고 동시에 입을 쩍 벌렸어요.

그때였어요. 웬 더벅머리 꼬마가 다가와 밤을 뚫어져라 쳐다보는 거예요. 몹시 먹고 싶어 하는 눈치였어요. 엄동설한에 맨발로 다녔는지 발등이 동상 걸린 듯 푸르스름했어요.

'어쩌지? 나도 배고픈데……'

반야는 꼬르륵거리는 배를 문질렀어요.

"이거 먹어라."

망설이는 사이 박사가 불쑥 밤을 내밀었어요. 잠깐 주춤거리던 꼬마는 매가 병아리 낚아채듯 밤을 움켜쥐었어요. 그러고는 번개처럼 유랑민 속으로 사라졌지요. 반야도 남루한 유랑민들을 보니 먹고 싶은 생각이 쏙 들어갔어요.

'내 것도 마저 줘야겠다.'

반야는 가마솥 앞에 줄 선 사람들 중에서 꼬마를 찾아냈어요. 꼬마 옆에는 밤을 우물거리는 아주머니가 있었어요. 꼬마의 어머니 같았는데 젖먹이를 안고 있었어요. 아기는 얼마나 굶었는지 볼이 움푹 패어 있었어요.

'자신도 배고팠을 텐데 어머니에게 양보하다니 기특한 꼬마군.'

반야는 성큼성큼 꼬마에게 다가가 나머지 밤을 내밀었어요.

"이것도 네가 먹으렴."

꼬마가 빠진 앞니를 드러내며 활짝 웃었어요.

"어느 댁 아가씬지 모르겠지만 고맙습니다."

아주머니가 고개를 조아렸어요. 그러고는 한숨을 푹푹 내쉬더니 묻지도 않았는데 넋두리를 하기 시작했어요.

"우리도 고향에 기름지기로 소문난 땅을 가지고 있었어요. 그 땅만 빼앗기지 않았어도 이렇게 떠돌이 신세가 되지는 않았을 텐데……."

"땅을 빼앗겼다고요?"

조금 전까지 빙글거리던 박사가 웃음기를 거두고 물었어요. 아주머니가 고개를 끄덕이며 말을 이었어요.

"아 글쎄, 웬 놈이 나타나더니 다짜고짜 땅을 내놓으라지 뭡니까? 당연히 안 된다고 버텼더니, 시커먼 산적 같은 놈들이 몽둥이를 들고 떼로 몰려와 집 안을 난장판으로 만들어 놨지요. 그것도 모자라 애 아버지까지 흠씬 두들겨 패고는 우리 식구를 쫓아내 버렸어요. 그때 맞은 상처가 덧나 남편은 저세상으로 가 버리고, 저랑 애들만 목숨을 부지해 이렇게 떠돌고 있습지요."

"분명 권문세족의 짓일 거야."

아기의 패인 볼에서 눈을 떼지 않고 잠자코 넋두리를 듣던 박사가 중얼거렸어요.

"남대가 구경은 다음에 하자. 난 이만 학당으로 돌아가야겠어."

왜냐고 물을 새도 없이 박사는 서둘러 떠났어요.

홀로 남은 반야는 꼬마에게 작별 인사를 하고 다시 거리를 구경하며 느릿느릿 걸었어요. 걷다 보니 어느새 국수 가게 앞이었어요. 입구에 긴 장대를 세우고 꼭대기에 술을 달아 놓아 한눈에 국수 가게라는 것을 알아볼 수 있었지요. 국수를 삶는지 구름 같은 연기와 함께 구수한 냄새가 솔솔 풍겨 왔어요.

'아예 쳐다보지를 말아야지.'

돈도 없고 삶은 밤도 없는 지금, 국수 냄새는 견디기 힘들었어요. 반야는 고개를 획 돌리고 팔을 앞뒤로 휘저으며 국수 가게를 빠르게 지나 골목으로 접어들었어요. 골목의 상점들은 큰 거리에 비해 더 작았

권문세족

권문세족은 원 간섭이 시작되던 혼란기를 틈타 재산을 불리고, 정치 권력을 잡은 세력이에요. 이들은 자신의 권력을 이용해 땅을 늘리고 대농장을 소유했어요. 엄연히 주인이 있는 땅도 폭력배들을 시켜 쫓아내고 빼앗았지요. 권문세족이 빼앗은 땅은 산과 강을 경계로 삼을 정도로 넓었다고 해요.

고 다닥다닥 붙어 있었어요. 그래도 드나드는 손님들은 큰 거리 못지않게 많아, 걷다 보면 어깨를 부딪히기 일쑤였어요.

'여긴 너무 복잡한걸? 다시 큰길로 나가야지.'

발걸음을 돌리려는데 눈길을 확 잡아 끄는 물건이 보였어요. 돌로 만든 석상인데 머리는 코끼리, 몸통은 사람 모양이었고 밝은 주홍빛이었어요.

'세상에! 색이 너무 예뻐.'

반야는 석상을 더 자세히 보고 싶어 다가갔어요. 가까이서 보니 코끼리 목에는 진주알이 촘촘히 박혀 있었고 눈은 빨간 보석으로 반짝반짝 빛났어요.

'정말 예쁘다!'

주홍 코끼리는 반야를 온통 사로잡았어요. 만져 보려고 손을 뻗는 순간, 느닷없이 고함 소리가 들렸어요.

"비켜! 비키라고!"

흰말이 콧김을 뿜어 대며 달려오고 있었어요. 말 위에는 화려한 차림의 소녀가 고삐를 잡아당기며 쩔쩔매고 있었어요.

좁은 골목에서 커다란 말이 날뛰자 사람들이 황급히 피하느라 넘어지고 엎어졌어요. 그런데 문제는 바로 반야였어요. 무슨 일이 벌어지는지 알아챘을 때는 이미 날뛰는 말이 코앞에 왔을 때였지요.

"으아악! 부처님 살려 주세요."

반야는 두 손으로 머리를 감싸고 고개를 푹 숙였어요. 바느질이 싫어 도망쳤더니 말발굽에 차여 죽게 생겼지 뭐예요. 아무래도 부처님이 벌을 내리시는 것 같았어요. 어머니가 불공드리러 절에 가자고 할 때마다 늦잠 자느라 못 갔던 게 후회됐지요.

이제 죽었구나 생각하는 순간, 말이 딱 멈춰 섰어요. 반야는 살그머니 고개를 들었어요. 말에 탄 소녀가 고삐를 있는 힘껏 당기자 말이 앞발을 치켜들고 허우적거렸어요. 그 바람에 소녀는 안장에서 미끄러져 골목 귀퉁이에 쌓여 있던 짚더미 위로 떨어졌어요.

'후유, 짚더미에 떨어졌으니 다치진 않았겠지.'

안심하기는 아직 이른 거였어요. 짚더미 옆에 쌓아 놓은 여물통이 흔들거리더니 정확하게 소녀의 머리 위로 쏟아지고 말았거든요.

주위를 둘러싼 사람들이 힐끔거리며 수군댔어요.

"겁령구 울리타이의 딸이다! 이름이 쿠툴룩이던가?"

"겁령구 울리타이가 누구여?"

"왕비님이 원나라에서 데려온 수행원을 겁령구라고 한다우."

"그 집 노비도 상전을 닮아 콧대가 하늘을 찌른다더군. 쳇."

왕비는 원나라에서 시집온 제국대장공주였어요. 왕비의 수행원이라면 나는 새도 떨어뜨릴 만한 권력자였지요. 왕비의 위세를 믿고 수탈과 횡포를 일삼았지만 감히 누구도 지적하지 못했어요.

반야는 온몸이 후들거렸어요. 이제 죽었다 싶었어요.

"빨리 피하지 않고 뭐 하고 있는 거야! 너 때문에 떨어졌잖아!"

턱을 당기고 눈을 홉뜬 쿠툴룩이 째지는 목소리로 외쳤어요. 그런데 어찌 된 일일까요? 반야의 입에서 저절로 웃음소리가 새 나왔어요. 소여물을 흠뻑 뒤집어쓴 모습이 너무나 우스꽝스러웠거든요. 마치 토실

한 돼지가 비 올 때 입는 도롱이를 쓴 것 같았어요. 반야가 키득거리자 툭 튀어나온 쿠툴룩의 입술이 점점 삐뚜름해졌어요.

"뭐, 뭐가 우스워!"

쿠툴룩이 몸을 부들부들 떨었어요. 손에 쥐고 있던 말채찍도 떨렸어요. 반야는 머릿속으로 꿀밤을 백 번쯤 먹였어요. 싹싹 빌어도 모자랄 판에 웃어 버리다니요? 등골이 서늘해지며 다리에 힘이 빠졌어요.

그때 서역 가게에서 웬 소년이 수건을 들고 황급히 나왔어요. 그러더니 두 손을 모으고 위아래로 흔드는 행동을 했어요. 쿠툴룩에게 인사를 하는 것처럼 보였어요. 그러고는 오물을 닦으라는 듯 수건을 건네며 말했어요.

"마침 잘 오셨어요. 전에 주문하신 향이 들어왔으니 한번 보시지요."

쿠툴룩이 소년에게 눈길을 돌렸어요.

'바로 지금이야. 한눈팔 때 어서 도망쳐야지.'

반야는 슬쩍 사람들 사이로 몸을 숨겼어요. 소년은 반야를 힐긋 보고는 모른 척하며 쿠툴룩을 가게 안으로 이끌었어요. 쿠툴룩은 갑자기 사라진 반야를 찾는지 두리번거리다 이윽고 가게로 들어갔어요. 가게의 출입문에는 '南國店(남국점)'이라는 현판이 붙어 있었어요.

 몽골(원)의 침략에 맞선 고려

몽골(원)

고려

13세기 몽골은 여러 나라를 정복해 커다란 제국을 세웠어요. 고려에도 사신을 보내 많은 공물을 요구했지요. 두 나라의 갈등이 깊어져 가던 중, 몽골 사신 저고여가 죽임을 당하는 사건이 일어났어요. 몽골은 이를 핑계 삼아 대군을 이끌고 고려로 쳐들어왔지요.

수도인 개경까지 몽골군에게 포위되자, 고려 정부는 수도를 강화도로 옮겼어요. 강화도는 개경에서 가깝고 바다를 끼고 있어 해전에 약한 몽골군을 막아 내기에 안성맞춤이었어요. 또한 뱃길을 이용해 세금도 쉽게 걷을 수 있었지요.

당시 고려는 무신들이 정권을 잡고 좌지우지하던 때였어요. 무신인 최우는 강화도에서 사치스런 생활을 하며 백성들을 돌보지 않았어요. 그러는 동안 처인성과 죽주성에서는 백성들이 스스로 죽을 각오로 싸워 성을 지켜 내기도 했어요.

피해가 점점 커지자, 몽골과 강화를 맺고 전쟁을 끝내자는 목소리가 커졌어요. 그러나 무신 정권은 절대 고개를 숙일 수 없다며 대립했어요. 결국 무신 정권이 무너졌고 고려 태자(훗날 원종)는 몽골과 사대 관계를 맺어 기나긴 전쟁에 마침표를 찍었어요.

한편, 최씨 무신 정권의 사병이었던 삼별초는 몽골과의 강화를 인정하지 않았어요. 진주와 제주에 머물며 계속 싸웠으나 결국 고려, 몽골의 여몽 연합군에 의해 진압되었지요.

탕롱과 빈랑 열매

다음 날, 반야는 다시 남국점으로 향했어요. 남국점 소년에게 고맙다는 인사를 하고 싶었거든요. 소년 덕분에 성질 나쁜 쿠툴룩에게서 무사히 도망칠 수 있었으니까요.

차가운 높바람이 머리카락을 흩뜨려 놓았어요. 반야는 빨간 댕기를 풀어 다시 야무지게 묶었어요. 양쪽으로 갈라 둥글게 묶은 머리는 반야가 제일 좋아하는 머리 모양이었지요.

"도롱이도 안 가져왔는데 큰일이네."

반야는 걸음을 멈추고 하늘을 올려다봤어요. 잔뜩 찌푸린 하늘은 금방이라도 비를 뿌릴 듯했어요. 아니나 다를까 남대가에 도착하자마자 세찬 비가 쏟아졌어요. 길가에 늘어선 가게들마다 비를 막는 천막을 치느라 야단법석이었어요.

　　찻집을 지나 국수 가게 옆 골목으로 접어들자 고기 굽는 냄새가 진동했어요.

　　"설적 사세요. 갓 구워 맛나답니다."

　　가게 주인이 숯불에서 갓 구운 설적을 반야에게 흔들었어요. 설적은 꼬치에 고기를 꿰어 구운 고기 요리예요. 그러자 이번에는 바로 옆의 쌍화점 주인이 반야에게 손짓했어요. 쌍화점 주인은 눈동자가 파랗고

코가 우뚝한 회회인이었어요. 소매를 걷어 올린 팔뚝에는 금빛 털이 수북했어요.

"한겨울에는 뜨근뜨끈한 쌍화가 제격이지요."

능숙한 고려 말로 이야기하고는 김이 모락모락 피어오르는 쌍화를 찜통에서 꺼냈어요. 쌍화는 밀가루 반죽 속에 팥이나 오이로 소를 만들어 넣고 찐 음식이에요.

반야는 향주머니를 만지작거리며 윤기가 좔좔 흐르는 설적과 먹음직스런 쌍화를 번갈아 봤어요.

'뭘 좋아할지 모르니까 둘 다 사야지.'

쉽게 사 먹기에 비싼 음식이었지만 돈이 하나도 아깝지 않았어요. 반야는 그동안 모은 용돈으로 값을 치르고 남국점으로 갔어요.

비는 여전히 세차게 내리고 있었고 남국점은 아무도 없는 듯 어둑어둑했어요.

"아무도 안 계세요?"

귀를 기울여 봐도 조용하기만 했어요. 반야는 무작정 안으로 들어갔어요. 가게 안에는 먼 나라에서 바다를 건너온 진기한 물건들이 가득했어요.

'저건 도대체 뭐지? 팔이 열 개나 달렸네. 저, 저건 눈알이 튀어나올 것 같아.'

보면 볼수록 왠지 으스스한 기분이 들었어요. 반야는 오싹해져 목을 움츠렸어요. 그때 갑자기 번갯불이 번쩍하며 가게 안을 밝혔어요. 순간 어두워 보이지 않던 소년이 눈에 띄었어요. 소년은 청자 의자에 앉아 고개를 푹 숙이고 있었어요. 반야는 슬금슬금 다가가 소년의 어깨를 흔들었어요. 그러자 소년이 얼굴을 들어 반야를 쳐다봤어요.

"으아아아!"

얼굴을 본 순간 반야의 입에서 비명이 터져 나왔어요. 소년은 초점 없이 멍한 눈빛으로 입가에 피를 흘리고 있었어요. 반야는 저도 모르게 주춤주춤 뒷걸음쳤어요. 가게는 다시 어두워졌다가 '치익' 소리와 함께 완전히 환해졌어요. 소년이 등롱을 켜고 서 있었어요.

"어서 오세요, 손님. 제가 잠깐 졸았나 봐요."

소년이 하품을 쩍 하더니 두 손을 모으고 인사했어요. 그러더니 눈을 끔적거리며 반야를 들여다봤어요. 반야는 나무토막처럼 굳은 채 입만 뻐끔거렸어요. 겨우 소리 내 한 말은 "피…… 피가!"였어요. 그러고는 손가락으로 피 묻은 입을 가리켰어요. 소년이 손등으로 입가를 훔쳐서 보더니 너털웃음을 터뜨렸어요.

"하하하, 이건 피가 아니야. 빈랑을 씹어 빨간 물이 들어서 그래. 그

런데 넌 어제 그 애구나?"

피 흘리는 귀신인 줄 알고 하마터면 기절할 뻔했지 뭐예요. 반야는 가슴을 쓸어내리며 소년을 자세히 뜯어봤어요. 우뚝한 코와 깊숙한 눈이 회회인과 비슷했지만 피부가 훨씬 검었어요. 머리 모양도 딴판이었어요. 회회인은 머리에 터번을 두르는데 소년은 고불거리는 까만 머리를 어깨까지 늘어뜨리고 있었지요.

반야가 빤히 보기만 하자 소년이 먼저 말을 걸었어요.

"무슨 일로 왔니?"

반야는 정신을 차리고 대답했어요.

"고맙다고 말하려고. 너 아니었으면 쿠틀룩한테 봉변을 당했을지도 몰라."

소년이 쑥스러운 듯 머리를 긁적였어요.

"나도 내 일을 한 것뿐인데, 뭐. 아무튼 반갑다. 난 참파에서 온 응우옌 탕롱이야."

참파라는 나라는 처음 들어 보는 곳이었어요.

"난 앵계리에 사는 윤반야라고 해. 그런데 참파는 어디 있는 나라야?"

"고려에서 배 타고 서남쪽으로 한참 가면 있어. 북쪽에는 대월과 원나라가 있고 서쪽에는 진랍국이 있지."

반야는 '대월'이라는 말에 귀가 번쩍 뜨였어요.

"대월? 우리 형부가 대월국 사람의 후손이야."

반야의 언니는 대월 왕족에게 시집갔어요. 언니가 시집가던 날 동네가 들썩했어요. 먼 나라여도 왕족은 고려에서도 가장 귀한 신분이니까요. 참파가 대월과 가까운 나라라니, 반야는 사돈 이야기를 들려주면 탕롱이 반가워할 거라 생각했어요.

"우리 사돈어른이 누구냐면 말이야······."

그런데 어찌된 일인지 탕롱의 얼굴이 점점 굳어졌어요. 그러더니 불쑥 반야 손을 가리켰지요.

"그건 뭐니? 좋은 냄새가 나는데?"

탕롱의 태도는 어딘가 부자연스러웠지만 반야는 대수롭지 않게 넘겼어요.

대월국의 왕자

우리나라의 '화산 이씨' 가문에서는 그들의 시조가 대월국에서 온 왕자라고 이야기하고 있어요. 왕자는 신하였던 쩐씨가 정권을 잡고 리씨 왕족을 몰살하려 하자 대월국을 탈출, 바다를 표류하다 황해도 옹진군 화산에 도착했다고 해요. 훗날 몽골이 침략했을 때 맹렬히 맞서 싸워, 고려 왕이었던 고종이 화산군에 봉하고 땅을 하사했다고 전해지지요. 오늘날에도 화산 이씨 종친회에서는 베트남을 오가며 활발한 교류를 이어 가고 있답니다.

"맞다! 너 주려고 산 거야. 식기 전에 어서 먹어 봐."

반야가 주머니에서 설적을 꺼내 내밀자 탕롱이 손사래를 쳤어요.

"난 힌두교도라 소고기를 먹을 수 없어."

"힌두교?"

반야는 고개를 갸우뚱했어요. 돼지고기를 피하는 회회인은 많이 봤어도 소고기를 먹지 않는 사람은 처음이었거든요.

"힌두교도는 소를 신이 타고 다니는 신성한 동물이라고 생각해서 먹지 않아."

"아, 그렇구나. 고려 사람들도 부처님의 가르침에 따라 고기보다 주로 채소를 먹지."

그러고는 탕롱에게 쌍화를 권했어요. 탕롱이 쌍화를 한 입 베어 물었어요. 반야는 붉게 물든 탕롱의 입가를 보며 물었어요.

힌두교

힌두교는 '인도의 종교'라는 뜻으로 인도에서 가장 오래된 종교예요. 다른 종교와 달리 창시자가 뚜렷하지 않고 언제 생겨났는지도 알 수 없지요. 그러나 사회 제도와 관습 등 인도인의 삶에 지대한 영향을 끼쳐, 힌두교를 모르면 인도를 이해하기 어려울 정도예요. 힌두교의 대표적인 신은 브라흐마, 비슈누, 시바 신이에요. 브라흐마는 창조의 신이고, 비슈누는 보호의 신, 그리고 시바는 파괴의 신이지요. 힌두교에서는 소를 '신이 타는 신성한 가축'이라고 생각해 소고기를 먹지 않고 귀하게 여겨요.

"그 빈랑이라는 게 먹는 거니?"

탕롱이 나무 서랍에서 무언가를 꺼냈어요. 초록색 나뭇잎이 붙은 동그란 갈색 열매였지요.

"먹는 거기는 한데 삼키지는 않고 씹기만 하는 거야. 이 동그란 게 빈랑 열매 조각이야. 이건 구장잎이고. 구장잎 위에 석회를 바르고 빈랑 열매를 얹어 싼 다음 꼭꼭 씹으면 기분도 좋아지고 충치 예방도 된단다. 모르는 사람끼리도 빈랑을 함께 씹으면 금세 친구가 되지."

반야는 빈랑이 어떤 맛일지 몹시 궁금해졌어요.

"나도 씹어 보고 싶어."

탕롱이 잎사귀에 빈랑을 넣어 싸 줬어요. 반야는 한입에 넣고 오물오물 씹었어요. 씹을수록 달짝지근한 물이 나왔어요.

"하나만 더 줄래?"

"많이 씹으면 이빨이 까매지는데 괜찮아?"

탕롱이 걱정스레 말했어요.

"새로운 것에 도전해야 발전이 있다고 했어."

돌아가신 외할아버지가 늘 하시던 말씀이지요.

"어…… 처음 건 달더니 이건 쓴맛이 나는데?"

"빈랑 열매가 덜 익으면 단맛이 나고 푹 익으면 쓴맛이 나."

한참 씹었더니 텁텁했던 입 속이 시원해졌어요. 참파 사람들이 너도

나도 씹는다더니 이유를 알 것 같았어요. 탕룽은 거리낌 없이 빈랑을 씹는 반야가 신기한지 물끄러미 바라봤어요.

"함께 빈랑을 씹으면 친해진다고 했지? 우리도 지금부터 친구 하자. 난 열두 살인데 넌 몇 살이니?"

반야가 거침없이 묻자 굵게 쌍꺼풀 진 탕룽의 눈이 휘둥그레졌어요.

빈랑

빈랑은 베트남 등 동남아시아 국가와 중국 남부 등지에서 자라는 빈랑나무의 열매예요. 동남아시아 지역에서는 빈랑을 석회 바른 나뭇잎에 싸서 씹는 풍습이 있어요. 꼭꼭 씹으면 향기롭고 매콤한 맛이 나기 때문에 양치질 대신 빈랑을 씹기도 해요. 예부터 '빈랑 씹기는 이야기의 시작이다'라는 말이 있을 정도여서 빈랑을 함께 씹은 사람과는 가까운 사이가 된다고 믿었어요. 그러나 많이 씹으면 이가 까매지고 환각 작용이 생긴다고 해서 요즘에는 옛날처럼 많이 찾지는 않는다고 해요.

"나도 열두 살이야. 그런데 친구 하자는 말, 정말이지?"

탕롱은 얼마나 좋은지 눈물까지 글썽였어요. 반야가 단지 친구 하자고 했을 뿐인데 말이에요.

어릴 때 서역 상단을 따라 참파를 떠난 탕롱은 세계 여러 나라를 다니느라 또래 친구를 사귈 틈이 없었대요. 그래서 친구 하자는 반야 말이 너무 고맙고 기뻤던 거예요. 반야는 시간 가는 줄 모르고 탕롱과 이런저런 이야기를 나눴어요.

어느새 해가 져 어스레해졌어요. 반야는 집으로 가려고 남국점을 나오다 오늘이 경신일이라는 걸 떠올렸어요. 사람 몸에 사는 삼시충이라는 벌레가 밤에 몰래 빠져나와 염라대왕에게 가서 그 사람의 잘못을 고자질하는 날이에요. 그래서 사람들은 경신일 밤이면 삼시충이 빠져나오지 못하도록 잠을 쫓으며 밤을 샜어요. 잠꾸러기 반야에게는 무척 힘든 날이었지요. 게다가 오늘 밤에는 어머니가 길쌈을 시킬 게 분명했어요.

'빈랑을 씹으면 졸지 않을지도 몰라!'

반야는 탕롱에게 빈랑을 조금 얻어 집으로 돌아왔어요. 역시나 어머니가 베틀을 준비해 놓고 기다리고 있었어요.

"길쌈을 하면서 잠을 쫓으렴."

평소 같으면 빠져나갈 궁리를 했겠지만 오늘은 자신 있었어요.

"걱정 마세요. 오늘은 절대 졸지 않을 거예요."

반야는 어깨를 으쓱하며 대꾸했어요. 어머니가 고개를 갸웃거리며 못 미더운 눈빛을 보냈어요. 반야는 어머니가 나가자마자 빈랑을 입에 쏙 넣었어요. 그러고는 베틀 앞에 앉았어요.

"철컥 쓱, 철컥 쓱."

시간이 얼마나 흘렀을까요? 눈꺼풀은 풀을 발라 놓은 것처럼 쩍 붙어 버렸고, 고개는 그네처럼 앞뒤로 흔들흔들했어요. 이제 빈랑도 다 떨어지고 없었어요. 두 손으로 볼을 탁탁 쳤지만 쏟아지는 잠을 이길 수는 없었지요. 결국 반야는 방바닥에 픽 쓰러졌어요.

"졸면 안······."

까무룩 잠에 빠져드는 반야의 귓가에 부엉이 우는 소리만 아득히 들려왔어요.

날이 밝아 오는지도 모르고 반야는 깊은 단잠에 빠져 있었어요. 방으로 들어오던 어머니가 반야를 보고 비명을 질렀어요.

"에구머니, 피가! 반야야, 정신 차려. 반야야!"

어머니가 반야를 마구 흔들었어요. 잠결에도 어머니가 왜 비명을 지르는지 알 것 같아 웃음이 났어요.

옛날 베트남에는 대월과 참파라는 나라가 있었어요. 두 나라는 서로 침략하기도 하고 협력하기도 하며 오랜 시간 공존했어요. 참파는 베트남 중부 지역에 있던 나라로, '점성' 혹은 '임읍'으로 불리기도 했어요. 참파 사람은 검은 피부에 곱슬머리, 뚜렷한 이목구비를 지녔어요. 인도 문화의 영향으로 불교와 힌두교를 받아들였고 뒤늦게 이슬람의 영향도 받았지요. 백성들은 참파의 왕이 신과 동일하다고 여겨 신처럼 떠받들었어요. 관리와 승려도 고려와 마찬가지로 높은 신분이었어요. 그들은 평민과 노예로 이루어진 일반 백성을 지배했어요. 참파는 지리적으로 서역에서 중국까지 가는 뱃길 중간에 위치해, 나라와 나라를 이어 주는 중계 무역으로 부를 쌓았어요. 루비, 상아, 코뿔소 뿔, 침향 등이 무역상을 통해 세계로 팔려 나갔지요. 오늘날에는 참파의 후손인 참족이 소수 민족으로 명맥을 유지하고 있어요.

대월은 베트남 북부 지역에 있던 나라로, 고려와 비슷한 점이 많았어요. 대월은 과거 시험을 통해 관리를 뽑고 국자감을 세워 학자를 길러 냈어요. 중국과 가까워 일찍부터 중국의 영향을 많이 받았기 때문이에요. 이뿐만 아니라 황제조차도 불교 수행에 관심을 쏟을 정도로 불교가 널리 퍼져 백성들을 지배했어요. 승려가 정치에 참여하기도 했는데 이 또한 불교의 영향력이 막강했던 고려 사회와 비슷한 점이지요.

단짝이 된 세 친구

"어서 오십시오, 사돈."

반야 아버지가 사돈어른을 반갑게 맞이했어요. 설을 맞아 반야 언니의 시아버지가 인사를 오셨거든요.

"새아기가 함께 오지 못해 서운하시지요, 사돈?"

"서운하기는요. 지금은 몸조리 잘 해서 순산하는 게 제일이지요."

고려의 여자들은 혼인을 하면 시댁으로 가지 않고 친정 부모를 모시고 살았어요. 그러다 아이가 크면 시댁으로 가기도 했지만 그대로 친정에 눌러살기도 했어요. 반야의 언니도 혼인하고 내내 친정에서 살았어요. 그런데 어느 날 시댁에 갔다가 갑자기 배가 아파져서 집으로 돌아오지 못했어요. 임신 중이어서 다시 개경까지 오는 건 무리였던 거지요.

"사돈처녀도 잘 지냈는가?"

사돈어른이 반야에게 인사했어요. 반야도 오늘만은 얌전하게 있기로 마음먹고 차분하게 대답했어요.

"예. 어르신께서도 그동안 기체후일향만강 하셨습니까?"

"우리 사돈처녀가 요조숙녀가 다 되었구려. 허허허."

반야가 요조숙녀가 아닌 게 들통날까 봐서일까요? 어머니가 사돈의 칭찬을 듣고 안절부절못했어요.

"사돈, 먼 길 오시느라 시장하시지요? 떡국을 준비했으니 안으로 드시지요."

"저도 대월의 설음식인 바인쯩을 가져왔답니다."

사돈어른이 눈짓하자 하인이 비단 보자기를 어머니에게 건넸어요.

"대월의 왕자이신 고조할아버님께서 고려로 망명하신 후에도 설날만 되면 대월 음식을 만들어 먹었지요. 지금도 우리 집안 사람들은 대월 음식 몇 가지는 만들 줄 안답니다."

반야와 어머니, 아버지, 사돈어른까지 모두 탁자에 둘러앉았어요. 탁자에는 떡국, 김치, 새우젓에 반야가 좋아하는 두부까지 있었어요. 먹음직스런 소고기 구이와 소주를 보자 사돈어른도 입맛을 다셨어요.

사돈어른이 가져온 바인쫑도 먹음직스러워 보였어요. 네모난 바인쫑은 넓적한 잎사귀에 싸여 있었지요. 반야는 군침을 꿀꺽 삼켰어요.

"바인쫑은 원래 쭈오이나무 잎사귀로 싸야 하지만 고려에서 구할 수 없어 대신 떡갈나무잎을 썼지요. 대월 사람들은 바인쫑을 먹으며 한 해의 건강을 기원했답니다."

반야는 얼른 바인쫑을 한 입 먹어 봤어요.

"찹쌀떡 같은데 고기 맛이 나요."

"허허허, 사돈처녀가 제대로 맞혔구려. 찹쌀 반죽 속에 돼지고기와 녹두를 넣고 찜통에 찐 것이라오."

식사를 마치고 아버지와 사돈어른은 차를 마시며 이야기를 나눴어요. 반야는 옆에 얌전히 앉아 차 시중을 들었어요. 사돈어른이 차를 한 모금 마시며 말문을 열었어요.

"오랜만에 개경에 왔더니 박박 깎은 변발에 몽골 옷을 입은 사람이

가득하더군요. 여기가 고려인지 원나라인지…… 쯧쯧. 안남 이씨의 시조이신 고조할아버님께서는 몽골군에 맞서 고려를 지키려 했는데 말이지요. 나라가 이 꼴이 된 걸 아신다면 무덤에서라도 벌떡 일어나실 겁니다."

아버지가 고개를 끄덕이며 답했어요.

"맞습니다. 충렬왕께서 처음으로 변발이 호복 차림을 하셨지만, 그것은 단지 원나라와 좋은 관계를 맺기 위해서였을 뿐이지요. 그런데 갈수록 몽골 풍습을 따라 하는 사람들이 많아지니 걱정입니다. 충렬왕의 차림을 보고 충격을 받아 통곡을 하던 백성들인데…… 이제는 다 지나간 일이 돼 버렸어요."

"박사도 절대 변발은 하지 않을 거래요."

반야가 냉큼 끼어들었어요. 어머니가 찍소리 말고 차 시중만 들라고 했지만 가만히 있자니 입이 근질거렸거든요.

원래 고려에서는 혼인하지 않은 열 살 이상의 남자는 박사처럼 머리에 건을 썼어요. 그러나 여자들은 머리를 땋아 늘어뜨리기도 했고, 반야처럼 양 갈래로 둥글게 묶기도 하는 등 여러 가지 모양이었어요.

"부모에게 받은 몸을 소중히 하는 것이 효도라는 말도 있지 않니. 지공이도 유학을 공부하는 유학자이니 머리카락 한 올도 허투루 여기지 않는 것이지."

아버지가 당연하다는 듯 끄덕였어요. 그러고는 반야를 바라보며 작게 한숨을 쉬었지요.

"무슨 걱정거리라도 있으십니까?"

사돈어른이 아버지의 얼굴을 살폈어요.

"반야가 올해 열둘이니 내년이면 공녀로 뽑힐 나이가 되지요. 첫째는 혼인할 때까지 다행히 공녀 선발을 피했지만 반야는 어찌 될지 걱정입니다. 가깝게 지냈던 이웃에서는 외동딸이 공녀로 뽑히는 바람에 일가족 모두 목숨을 끊은 일도 있었답니다."

"저런, 목숨까지 끊었다는 말입니까?"

사돈어른이 묻자 아버지는 목소리를 낮추고 속삭였어요.

"군사들이 공녀로 뽑힌 여자아이들을 데려가던 날이었습니다. 외동딸을 차마 보낼 수 없었던 부모가 커다란 간장독에 딸을 숨겨 놨는데, 그만 군사들에게 들켜 버린 것이지요. 딸이 공녀로 끌려가느니 차라리 죽는 게 낫다며 우물로 뛰어들자, 부모도 그 뒤를 따라 우물로 뛰어들어 목숨을 버렸답니다."

우물집이라면 반야도 잘 알고 있었어요. 지금은 아무도 찾지 않는 폐가로 변해 버렸지요. 우물집을 시작으로 원나라의 수탈에 대한 이야기가 끝없이 이어졌어요.

반야는 하품이 나오는 걸 간신히 참고 있었어요. 아버지와 사돈어른

공녀와 결혼도감

공녀는 원나라에 데려갈 목적으로 뽑은 고려 여자를 말해요. 원에서는 고려 인삼이나 해동청(매)뿐 아니라 고려 여자까지 바칠 것을 요구했어요. 충렬왕은 결혼도감을 설치하고 열셋에서 열여섯까지의 여자는 반드시 나라의 허락을 받고 혼인하라고 했어요. 혼인한 여자는 공녀로 보낼 수 없기 때문이었지요. 이 때문에 부모들은 딸이 열두 살도 되기 전에 일찍 혼인시키거나 아예 딸이 있다는 사실을 숨기기도 했어요.

은 목이 탄지 연신 차를 마셨어요. 반야도 덩달아 계속 차를 따랐지만 결국 졸음을 못 이기고 앉은 채 곯아떨어졌어요. 한참 꿈나라를 헤매고 있는데 박사가 부르는 소리가 들렸어요.

'꿈을 꾸는 건가? 꿈치고는 너무 생생한데?'

"반야야, 지공이가 왔다. 나와 봐라."

어머니 목소리에 번쩍 고개를 들었어요. 깨어 보니 사돈어른이 아버지에게 작은 나무 상자를 건네는 중이었어요.

"걱정 마십시오. 제가 힘닿는 데까지 알아보겠습니다."

아버지가 나무 상자를 받으며 사돈어른 손을 굳게 잡았어요.

'저 상자는 뭐지?'

반야가 뭐냐고 물으려는데 마침 박사가 방에 들어왔어요.

"어르신, 세배드리러 왔어요."

"지공이가 왔구나. 이 아이는 제 죽마고우의 아들입니다. 글 짓는 솜씨는 물론이고 경전이나 역사에도 해박하지요. 장차 고려의 대들보가 될 재목이랍니다."

"어허, 그렇습니까? 미래의 인재를 미리 보게 되는군요."

사돈어른도 관심 어린 눈길을 보냈어요.

박사가 세배를 하고 길고 긴 덕담까지 듣고 나서야, 반야는 겨우 차 시중에서 벗어날 수 있었어요.

"마침 잘 왔어. 할 얘기가 있거든."

반야는 기지개를 켜 차가운 공기를 들이마시고는 탕룽 이야기를 들려줬어요. 박사는 '참파'라는 소리를 듣자마자 눈을 빛내더니 탕룽을 만나게 해 달라며 졸랐어요. 그래서 둘은 함께 남국점으로 가기로 했어요.

반야는 떡국이 담긴 그릇을 들고 대문을 나섰어요. 탕룽이 빈랑 열매를 줬으니 반야는 고려 음식을 맛보게 해 주고 싶었거든요.

고려에서는 설날 앞뒤로 관리들이 이레 동안 휴가를 받았어요. 그래서 그런지 거리는 친척 집에 인사를 가는 사람들로 북적였어요. 오가는 사람들이 하도 많아 땅 먼지가 부옇게 일어날 정도였지요.

남국점 앞에는 물건들이 산더미처럼 쌓여 있었어요. 반야가 탕룽을

고려를 지킨 이제현

반야의 친구인 이지공은 실존 인물이에요. 충렬왕 때 태어나 공민왕 때까지 활동한 정치가이자 학자였던 이제현의 어릴 때 이름이 지공이었어요. 문하시중이라는 최고의 관직까지 올라 고려와 백성을 위해 힘썼고, 중국의 유학자들과 교류하며 성리학을 공부해 제자들에게 많은 영향을 끼쳤어요. 성리학은 훗날 조선을 건국하게 되는 사상적 기반이 되었지요.

큰 소리로 불렀어요.

"반야구나!"

탕롱이 반갑게 맞았어요. 물건을 정리하던 중인지 더벅머리가 헝클어져 있었어요.

"설날인데 쉬지도 못하는구나."

반야가 쌓인 물건들을 둘러보며 말했어요.

"명절은 우리 같은 상인에게는 대목이야. 평소보다 곱절은 팔 수 있거든."

탕롱이 더벅머리에 묻은 먼지를 털어 내며 대답했어요. 박사가 먼저 인사했어요.

"난 반야 친구 이지공이야. 그냥 박사라고 불러 줘."

탕롱도 두 손을 모으고 고개를 숙이는 참파식 인사를 했어요.

"반야 친구면 내 친구이기도 해. 이제부터 넌 내 두 번째 친구야."

"두 번째 친구?"

박사가 되물었어요. 반야는 상단을 따라다니느라 친구를 사귈 짬이 없었다는 탕롱의 사연을 말해 주었어요.

"이건 떡국인데 한번 먹어 보렴. 어머니에게 특별히 부탁해서 소고기를 넣지 않았어."

반야가 뚜껑을 덮은 떡국 그릇을 내밀었어요.

"설날에 먹는 음식이야. 한 그릇 다 먹어야 한 살 더 먹는 거다."

박사가 빙글빙글 웃으며 끼어들었어요. 탕룽은 받자마자 숟가락질 네댓 번 만에 한 그릇을 후딱 비웠어요.

"우아, 정말 꿀맛이야. 그런데 한 그릇 더 먹으면 나이를 두 살 더 먹는 거니?"

반야와 박사는 배꼽 빠지게 웃음을 터뜨렸어요. 탕룽은 어리둥절한 표정으로 바라봤어요.

"열 그릇 먹어도 한 살 먹는 거야."

박사가 친절하게 일러 줬어요. 그러고는 아까부터 눈여겨보던 주홍 코끼리 석상에 관해 물었어요.

"탕롱아, 저 코끼리 석상은 뭐니?"

"이건 코끼리 석상이 아니라 가네샤 신이야."

"저 코끼리 머리가 신이라고?"

탕롱이 고개를 끄덕였어요.

"가네샤 신은 시바 신의 아들인데, 우리 같은 상인들에게 아주 인기 있는 신이야. 가네샤 신의 축복을 받아야 장사가 잘된다고 믿어서 가게나 집에 사당을 차려 놓고 늘 기도하지. 그리고 이렇게 가게 입구에 두면 악령까지 막을 수 있다고 믿어."

"돌이라면 거무튀튀하거나 회색빛인 줄 알았는데 주홍색이라니 신기한데?"

박사가 유심히 살피며 석상의 코 부분을 쓰다듬었어요.

"너도 한번 만져 봐."

탕롱이 반야의 손을 잡고 석상을 만져 보게 했어요. 보기보다 매끈하지 않고 거칠거칠했어요. 자세히 보니 돌에 줄이 그어져 있었어요.

"이건 무슨 돌로 만든 거니?"

박사가 먼저 물었어요.

"벽돌로 만든 거야."

"그럴 줄 알았어. 벽돌을 쌓아서 줄이 생긴 거잖아. 그런데 벽돌이 주홍색인 건 처음 봐."

반야가 석상의 이음새를 가리키며 알은척했어요.

가네샤

파괴의 신 시바와 여신 파르바티의 아들로, 사람 몸에 코끼리 머리가 달린 신이에요. 가네샤는 제사를 지내거나 장사를 할 때 축복을 내리는 능력이 있어 인기가 매우 많아요. 요즘도 힌두교도들은 집 안에 가네샤 신상을 모시고 아침마다 향을 피우며 복을 기원한다고 해요.

"참파에서는 벽돌을 구울 때 굴 껍데기를 썩혀 가루로 만든 다음 흙에 섞어 구워. 그러면 아름다운 주홍 빛깔을 띠게 되지. 참파에는 주홍 벽돌로 지은 아름다운 사원들이 많이 있단다."

탕롱은 기억을 더듬는지 아련한 눈빛으로 말을 이었어요.

"나는 참파의 항구 도시에서 살았어. 그곳은 여러 나라에서 온 배가 하루에도 수십 척씩 드나들던 큰 항구였지. 상인들은 참파에서 나는 진주나 상아, 침향을 사서 원나라나 서역에 팔았어. 특히 참파산 침향은 질이 좋기로 유명해."

"그럼 고려에는 어떻게 오게 된 거니?"

탕롱은 일찍이 아버지를 여의고 혼자 코끼리 돌보는 일을 했어요. 그러다 서역 상인의 코끼리를 돌본 인연으로 상단을 따라나서게 되었고, 원나라를 거쳐 고려로 들어왔어요. 상단의 단주는 탕

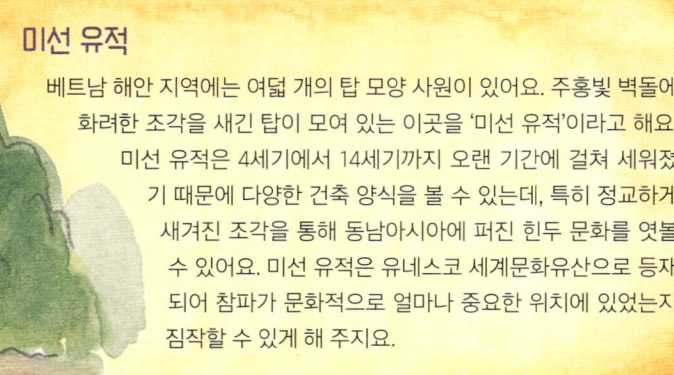

미선 유적

베트남 해안 지역에는 여덟 개의 탑 모양 사원이 있어요. 주홍빛 벽돌에 화려한 조각을 새긴 탑이 모여 있는 이곳을 '미선 유적'이라고 해요. 미선 유적은 4세기에서 14세기까지 오랜 기간에 걸쳐 세워졌기 때문에 다양한 건축 양식을 볼 수 있는데, 특히 정교하게 새겨진 조각을 통해 동남아시아에 퍼진 힌두 문화를 엿볼 수 있어요. 미선 유적은 유네스코 세계문화유산으로 등재되어 참파가 문화적으로 얼마나 중요한 위치에 있었는지 짐작할 수 있게 해 주지요.

롱이 고려의 풍습을 익힐 수 있도록 거래하던 남국점 주인에게 탕롱을 돌봐 달라고 부탁했어요. 탕롱은 개성에 이 년 동안 머무르며 고려 말을 배우기로 했지요.

"참파에서는 코끼리가 무척 중요해. 말 대신 타고 다니고, 전쟁 때도 코끼리 부대가 앞장을 서지. 코끼리를 데리고 죄지은 사람을 심판하기도 해. 내가 돌보던 코끼리도 아주 영리했는데……. 가끔 보고 싶어."

탕롱의 눈빛이 촉촉해졌어요.

"정붙이고 오래 살면 그곳이 고향이라는 말이 있잖아. 고려에서 오래오래 살면 되지."

박사가 탕롱의 어깨를 툭 치며 위로했어요.

"말은 고맙지만 연등회가 끝나고 상단이 오면 난 다시 고려를 떠나게 될 거야."

침향

침향은 향나무의 하나로, 침향나무에서 흘러나온 나뭇진을 굳혀 만들어요. 주로 향료와 약재로 사용되는 침향은 사신들이 진상품으로 바치기도 했어요. 당시에는 참파에서 나는 침향을 으뜸으로 쳐 매우 귀하게 여겼어요. 지금도 베트남산 침향은 질이 좋기로 유명하다고 해요.

"뭐? 연등회라면 한 달밖에 남지 않았는데!"

알게 되자마자 떠난다니 반야는 무척 서운했어요. 반야와 탕롱, 박사는 날이 저물도록 이야기를 나눴지요.

반야가 집에 돌아왔을 때, 아버지가 다급하게 불렀어요.
"참파에서 온 아이를 만났다고? 그 아이 이름이 무엇이냐?"
"아, 탕롱 말씀이세요?"

아까 어머니에게 떡국을 얻을 때 탕롱 이야기를 했는데, 아버지가 전해 들은 모양이에요.

"성은 없더냐?"

"응우옌이에요. 응우옌 탕롱."

"흠, 응우옌이라……."

아버지가 턱수염을 만지며 곰곰 생각에 잠겼어요.

"왜 그러세요?"

반야는 갑자기 관심을 보이는 아버지가 이상해서 물었어요.

"사돈이 리씨 왕족의 후손을 찾고 있단다."

"리씨 왕족의 후손을요?"

반야가 눈을 동그랗게 뜨고 물었어요. 그러고는 말도 안 된다는 듯 고개를 저었어요.

"에이, 그럴 리가 없어요. 탕롱과 사돈어른은 성이 다르잖아요."

아버지가 별다른 대답 없이 수염을 쓰다듬었어요.

반야는 잠깐이지만 탕롱이 왕족처럼 덧진 옷을 입은 모습을 상상해 봤어요. 아주 잘 어울릴 듯했어요. 그렇지만 터무니없는 상상이란 생각에 피식 웃음이 났어요.

우물귀신 작전

"아니! 보름 안에 집을 비우라니, 대관절 무슨 말이오? 이 집은 장인 어른께서 물려주신, 엄연한 우리 집이란 말이오!"

반야의 아버지가 주먹을 부르르 떨며 고함쳤어요. 상대는 저잣거리에서 주먹질을 일삼는 건달로, 아버지의 호통에도 눈 하나 깜빡하지 않았어요.

"나한테 그러지 말고 첨의찬성사 나으리께 따지시오. 물론 가 봐야 소용없겠지만."

건달은 정수리에서 길게 땋아 내린 머리를 손가락으로 배배 꼬며 비웃었어요. 그때 와르르 기왓장 무너지는 소리가 들려왔어요. 건달들이 쇠망치를 휘둘러 담장을 허무는 소리였지요.

겁령구 울리타이가 집을 새로 지으려고 건달들을 시켜 동네 사람들을 강제로 쫓아내고 있던 거였어요.

담장 무너지는 소리를 듣고는 어머니가 "아이고, 아버지." 하며 털썩 주저앉았어요.

"이게 다 장순룡 때문 아니겠어요? 그자가 으리으리한 집에 사니 울리타이가 배가 아픈 게지요."

장순룡은 위구르 사람으로, 울리타이처럼 왕비의 수행원이었어요. 그는 건달들을 동원해 남의 집을 빼앗아 궁궐처럼 화려한 집을 지었어요. 이를

장순룡

제국대장공주의 겁령구이며 회회인이었어요. 고려로 함께 왔던 다른 겁령구들과 세력 다툼을 벌이며 누가 더 잘사는지 겨뤘어요. 장순룡의 집은 화려하기로 유명했는데, 담장에도 화초 무늬를 새겨 넣어 '장가의 담'이라 불릴 정도였어요. 원래 이름은 '삼가'로, 고려에 귀화하여 '장순룡'이라는 이름을 얻어서 덕수 장씨의 시조가 되었어요.

본 울리타이는 장순룡보다 더 크고 화려한 집을 지으려고 했지요. 얼마나 크게 지으려는지, 지금까지 허문 집만 해도 벌써 열 채가 넘었어요. 사람들이 치안을 담당하는 가구소에 신고도 했지만 그곳에서는 기다리라고만 할 뿐이었어요. 막강한 원나라 출신인 왕비의 수행원을 어느 누구도 함부로 건드릴 수 없었기 때문이지요. 그렇게 울리타이와 장순룡은 권력을 탐하고 힘없는 백성의 재산을 빼앗았어요.

반야는 박박 밀어 반들거리는 건달의 정수리만 뚫어져라 노려봤어요. 이 집은 할아버지와의 추억이 서린 소중한 집이었어요. 할아버지는 천방지축 반야를 유난히 예뻐했어요. 어머니에게 꾸지람을 듣고 울 때마다 할아버지는 귀한 설탕을 한 숟갈 퍼서 입에 넣어 주고는 했지요. 그러면 신기하게도 서러웠던 마음이 설탕처럼 스르르 녹아 없어지고는 했어요.

'절대 집을 빼앗길 수 없어.'

가구소와 순마소

가구소는 죄인을 잡아 가두고 재판과 판결까지 겸했던 관청이었어요. 주로 무거운 죄를 지은 중죄인을 잡았어요. 순마소는 도둑을 잡고 다툼을 조정하는 경찰서와 같은 기관으로, 사람의 일뿐만 아니라 가축의 도살을 관리하기도 했어요.

반야는 입을 앙다물고 결심했어요. 하지만 마음만 앞설 뿐 어찌 해야 할지 몰랐어요.

'그래! 일단 박사에게 가 보자. 박사라면 무슨 수가 있을지도 몰라.'

반야는 박사네 집으로 달음질쳤어요. 가는 길에 마침 남대가로 향하던 박사를 길에서 마주쳤어요. 호기심 많은 박사는 참파와 주변 나라들에 대해 더 알고 싶어 탕롱을 만나러 가는 길이라고 했어요.

"무슨 일인데 그래?"

박사가 뛰어오느라 헐떡거리는 반야에게 물었어요. 반야는 마른침을 삼키고는 자초지종을 설명했어요.

"나쁜 놈들! 남의 나라에서 높은 벼슬 꿰차고 호의호식하는 걸로도 부족해 부당하게 남의 집을 빼앗다니!"

유랑민 가족을 봤을 때처럼 박사의 얼굴에서 웃음기가 사라졌어요.

"박사야, 무슨 방법이 없을까?"

박사가 난처한 표정으로 고개를 저으며 대답했어요.

"글쎄……. 그래도 계속 생각하다 보면 좋은 수가 떠오를지도 몰라."

둘은 함께 궁리하며 남국점으로 발걸음을 옮겼어요. 그러나 남국점에 다다를 때까지도 별다른 방도가 생각나지 않았어요.

모퉁이를 돌자 어떤 아이와 말하고 있는 탕롱이 보였어요.

"어? 저 꼬마는 우리가 밤을 줬던 아이잖아."

"정말?"

한걸음에 달려가 자세히 봤더니 정말 그 아이였어요. 빠졌던 앞니가 조금 자라 있었지만 틀림없었어요.

"꼬마야, 우릴 알아보겠니?"

"아! 어머니와 저에게 밤을 주셨던 아가씨 맞지요?"

꼬마가 고개 숙여 인사했어요. 반야와 박사는 꼬마를 위아래로 훑어봤어요. 예전에 봤을 때보다 차림새가 몰라보게 깨끗했어요. 계속 훑어보자 꼬마가 먼저 사정을 털어놨어요.

"대갓집 노비로 들어간 지 좀 되었어요. 어머니와 동생도 함께요."

먹고살기 힘든 백성들은 양인 신분을 버리고 스스로 노비가 되기도 했어요. 노비가 되면 주인이 생계를 책임져 주니, 적어도 배는 곯지 않았으니까요.

반야는 꼬마가 안쓰러웠지만 일부러 대수롭지 않게 물었어요.

"대갓집이라니 뉘 댁에 있어?"

"첨의찬성사 나으리 댁인데, 궁궐 앞 관청 거리에서 제일 큰 집이에요."

꼬마가 해죽거리며 대답했어요. 반야와 박사

는 깜짝 놀라 눈을 휘둥그레 떴어요. 첨의찬성사라면 바로 반야네 집을 허물려는 울리타이였으니까요. 순간 박사가 손뼉을 짝 치더니 큰 소리로 외쳤어요.

"지피지기 백전불태! 바로 이거야."

반야는 도무지 무슨 소리인지 몰라 어리둥절했어요. 박사가 눈을 빛내며 빠르게 설명하기 시작했어요.

"지피지기 백전불태란, 상대를 알고 나를 알면 백 번 싸워도 위태롭지 않다는 뜻이야. 꼬마가 첨의찬성사 댁 노비로 있다는 건 하늘이 우리에게 주신 기회야. 꼬마를 통하면 여러 가지 정보를 얻을 수 있으니까!"

"역시 넌 최고야. 그런 생각을 하다니!"

반야는 꼬마에게 사정을 이야기했어요. 귀 기울여 듣던 꼬마가 흔쾌히 돕겠다고 했어요.

"저도 땅을 강제로 빼앗겨 봐서 반야 아가씨 심정이 어떨지 잘 알아요. 언제든 제가 도울 일이 있으면 말씀해 주세요."

그렇지만 지금 당장은 돌아가 봐야 한다며 발길을 돌렸어요.

"그동안 그런 일이 있었구나! 나도 힘을 보태고 싶은데 내가 도울 만한 건 뭐 없을까?"

탕룽이 걱정스런 얼굴로 말했어요. 반야는 꼬마와 박사 그리고 탕룽이 너무 고마웠어요. 아무리 어려워도 친구들과 함께라면 이겨 낼 수 있을 것만 같았어요. 가슴속에서 용기가 퐁퐁 샘솟았어요. 반야와 친구들은 일단 가게 안으로 들어가 차분히 의논해 보기로 했어요.

탕롱이 먼저 말을 꺼냈어요.

"쿠툴룩 아가씨가 우리 가게 단골이라 뭘 좋아하는지 알고 있는데 이런 것도 도움이 될까?"

"물론이지. 쿠툴룩이 뭘 좋아하는데?"

"아가씨는 꾸미기를 좋아해. 우리 가게에서 사는 물건도 거의 화장품이나 장신구거든."

반야는 잊지 않도록 단단히 머릿속에 새겨 뒀어요.

'쿠툴룩은 꾸미기를 무척 좋아함.'

"아! 이제야 생각난다. 울리타이가 꼼짝 못 하는 단 한 가지."

박사가 탕롱의 말을 듣더니 외쳤어요.

"그게 뭔데?"

반야가 침을 꼴깍 삼키며 바투 다가앉았어요.

"바로 쿠툴룩이야. 아들 셋 두고 늦둥이로 낳은 딸이라 쿠툴룩 말이라면 다 들어준대."

반야는 박사의 정보도 머릿속에 집어넣었어요.

'울리타이는 쿠툴룩에게 꼼짝 못 함.'

그 밖에도 몇몇 이야기가 오갔지만 귀가 번쩍 트일 만한 정보는 없었어요.

어느덧 해가 기울어 점점 어두워졌어요. 반야는 친구들과 다음을 약속하고 집으로 향했어요. 지금까지 알아낸 사실들을 곱씹으며 천천히 걸었어요. 그런데 생각하면 할수록 머릿속이 엉킨 실타래처럼 뒤죽박죽이 되었어요.

동네 어귀에 들어서자 느닷없이 돌풍이 불어왔어요. 바람에 치마가 뒤집혔고 머리카락이 풀어져 반야의 얼굴을 때렸어요. 중심을 잡으려고 애쓰는데, 어디선가 뚝 하는 소리가 나더니 나뭇가지 하나가 휙 날아왔어요. 반야는 무작정 대문이 열린 집으로 뛰어 들어가 몸을 피했어요. 정신을 차리고 보니, 공녀로 끌려가기 전 우물에 뛰어들어 목숨을 버렸다던 처자네 집이었어요.

반야는 재빨리 주위를 훑었어요. 메마른 덩굴로 뒤덮인 지붕은 금방이라도 무너질 듯했고 경첩이 떨어져 나간 대문은 바람이 지날 때마다 삐걱삐걱 소름 끼치는 소리가 났어요. 마당 귀퉁이 우물에는 두레박이 그네처럼 흔들리고 있었어요.

'으으, 귀신 나올 것 같아.'

머리끝이 쭈뼛하고 소름이 오소소 돋았어요. 도로 나가려던 반야는 우뚝 멈춰 섰어요. 뭔가 좋은 생각이 떠오르려고 했거든요.

'길쌈할 때 실이 엉켜 엉망이 될 때마다 어머니가 말씀하셨어. 실타래가 아무리 엉켜도 실마리 하나만 찾으면 다 풀린다고 말이야.'

반야는 정신을 가다듬고 알고 있는 정보들을 되새겨 봤어요.

"꾸미기 좋아하는 쿠툴룩, 딸이라면 꼼짝 못 하는 울리타이, 흉가, 우물……!"

머릿속에서 번갯불이 번쩍하더니 좋은 수가 떠올랐어요. 반야는 너무 신나 두 팔을 물레방아처럼 돌렸어요. 그리고 집에 도착할 때까지 궁리에 궁리를 더해 마침내 기막힌 작전을 완성했지요.

먹물을 뿌린 듯 깜깜한 밤, 주위는 개미 지나가는 소리 하나 없이 고요했어요. 반야와 탕롱은 우물 뒤에 숨어 쿠툴룩을 기다리는 중이었어요. 반야는 탕롱의 어깨에 올라 우물 너머를 살폈어요. 들키면 끝장이기 때문에 보이지 않도록 조심했어요.

"확실히 오겠지?"

다리에 쥐가 나는지 탕롱이 코에 침을 바르며 반야를 쳐다봤어요.

"아까 꼬마에게 확인했어. 몸종한테 따라오지 말라고 하는 말도 들었대."

반야는 얼굴에 분을 덕지덕지 발라 창백하게 만들고 빈랑을 씹어 입가를 시뻘겋게 만들었어요. 영락없는 귀신이었어요. 흉가에서 떠오른

'우물귀신 작전'을 하기 위해서였지요.

　박사 말대로 백전불태를 하려면, 우선 상대에 대해 더 많이 알아야 했어요. 반야는 박사와 함께 쿠툴룩네 집을 엿보기로 했어요. 그렇게 며칠 동안 관찰한 결과, 쿠툴룩은 엄청난 떼쟁이라는 걸 알게 되었지요. 눈빛 하나로 사람들을 벌벌 떨게 만드는 울리타이도 쿠툴룩의 생떼 앞에서는 고양이 앞의 생쥐처럼 꼼짝 못 했어요.

　또한 중요한 사실 한 가지를 더 알아냈어요. 탕롱 말대로 쿠툴룩은 꾸미기를 엄청 좋아했어요. 하루에도 옷을 열두 번도 더 갈아입고 몸치장을 하느라 청동 거울 앞에 붙어살았지요. 그러다 마음에 들지 않으면 애꿎은 몸종들만 다그쳤고요.

　"어이구, 이 옷 가져와라, 저 옷 가져와라 스무 번도 넘게 시키는 걸 찍소리 한번 안 내고 시중들었건만 왜 짜증이냐고!"

　"아무리 꾸며도 마음에 안 차니 그런 게지. 글쎄 한밤중 달을 보며 울기까지 하더라고."

　"쯧쯧, 만날 꾸미기만 하면 무슨 소용이 있어. 마음을 곱게 써야지."

　쿠툴룩에게 시달리다 못한 몸종들은 틈만 나면 흉을 봤어요. 담벼락에 숨어 이야기를 엿듣던 반야와 박사는 눈을 마주치며 고개를 끄덕였어요. 그리고 그 길로 꼬마와 탕롱을 불러 자세한 작전을 짰지요.

　먼저 반야는 꼬마에게 거짓 소문을 내 달라고 부탁했어요. 깊은 밤

앵계리 흉가 우물에서 소원을 빌면 동해 신이 나타나 들어준다는 내용이었어요. 그리고 소원을 빌려면 꼭 혼자여야 한다는 것도 덧붙였지요. 박사는 이 내용을 노래로 지었어요. 꼬마는 재빨리 저잣거리 아이들에게 노래를 퍼뜨렸고요.

> 앵계리 우물은 신기한 우물
> 동해 신이 머무는 신기한 우물
> 깊은 밤 몰래 빌어 보련다
> 마음속 소원 빌어 보련다
> 얄리 얄리 얄라셩 얄라리 얄라

아이들이 너도나도 따라 부르자 노래는 삽시간에 퍼져 나갔어요. 그 노래가 귀에 들어가기만 하면, 욕심 많은 쿠툴룩은 흉가로 올 게 분명했어요. 반야는 귀신 분장을 한 채 우물 뒤에 숨어 있다가 쿠툴룩을 깜짝 놀라게 할 계획이었어요. 혼비백산한 쿠툴룩은 귀신이 나오는 동네에서는 살 수 없다며 떼를 쓸 테고, 딸이라면 꼼짝 못 하는 울리타이는 집 짓기를 포기하겠지요.

> **고려 속요**
> 시로 지은 노래로, 백성들의 솔직한 감정이 잘 나타나 있어요. 반야가 쿠툴룩을 우물로 꾀어낼 때 퍼뜨린 노래가 바로 이를 본뜬 거예요. '얄리 얄리 얄라셩'은 고려 속요 〈청산별곡〉의 후렴구에서 따왔어요.

오늘, 드디어 '우물귀신 작전'을 펼칠 날이 되었어요. 반야와 탕롱은 귀신 역할을 맡고, 박사는 쿠툴룩을 발견하면 부엉이 울음소리로 신호를 보내기로 했어요.

"부엉부엉……."

"쿠툴룩이 오나 봐!"

반야는 우물 위로 눈만 빼꼼 내놓고 어둠 속을 뚫어지게 봤어요. 희미한 불빛 하나가 우물 쪽으로 다가오고 있었어요.

"부엉…… 에취!"

박사의 재채기 소리가 들렸어요. 동시에 다가오던 불빛이 멈춰 섰어요. 반야는 숨이 멎는 듯했어요.

'이상한 낌새라도 알아채고 돌아가면 어쩌지?'
다행히 멈췄던 불빛이 다시 움직이기 시작했어요. 등롱 불빛에 드러난 쿠툴룩은 입술연지도 칠하지 않고 눈썹도 그리지 않은 맨얼굴이었어요. 반야는 쿠툴룩의 수수한 모습이 화려하게 꾸몄을 때보다 훨씬 예쁘다는 생각이 들었어요. 쿠툴룩은 등롱을 이리저리 비추며 두리번거렸어요. 아무도 없는 걸 확인하자 우물 앞에 등롱을 내려놓았어요. 그러고는 눈을 감고 두 손을 모았어요.
'소원을 빌려나 봐.'
반야는 준비하라는 표시로 다리를 흔들어 탕롱의 어깨를 툭 쳤어요. 한 번 치면 준비, 두 번 치면 일어서라는 표시였어요.
"동해 신이시여, 저의 소원을 들어주

세요. 제게도 친구가 생기게 해 주세요. 함께 그네도 타고 널 뛰기도 하고 싶어요. 제발 친구를 사귈 수 있게 해 주세요. 친구를……."

쿠툴룩이 소원을 말하기 시작하자, 반야는 이때다 싶어 신호를 보냈어요. 탕롱이 벌떡 일어섰고 반야는 입을 쩍 벌렸어요. 입가에는 빈랑즙이 피처럼 범벅이 돼 흐르고 있었어요. 아마도 쿠툴룩 눈에는 엄청나게 큰 피범벅 귀신으로 보일 거예요.

"까아아앗!"

쿠툴룩은 얼굴이 파랗게 질리더니 비명을 질러 댔어요. 그러고는 땅바닥에 납작 엎드려 두 눈을 가리고 벌벌 떨었어요. 그 틈을 타 반야와 탕롱은

미리 생각해 뒀던 길로 도망쳤어요. 한참을 내달렸는데도 쿠툴룩의 비명 소리가 계속 들렸어요.

"이얏호! 작전 성공!"

탕롱이 펄쩍펄쩍 뛰었어요. 반야도 무사히 작전을 마쳐 기뻤어요. 그런데 자꾸만 쿠툴룩의 소원이 귓가에 맴도는 거였어요. 전혀 생각지도 못한 뜻밖의 소원이었거든요.

모두가 하나 되는 연등회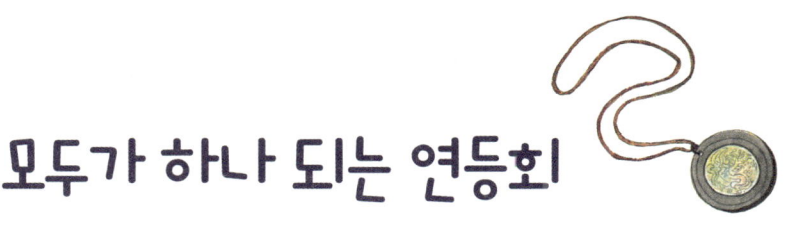

고려의 최대 명절 중 하나인 연등회가 다가왔어요. 사람들은 식구 수대로 등을 달아 부처님의 은덕을 기원했어요. 반야도 앞뜰에 높은 장대를 세웠어요. 장대 끝에는 꿩 깃털을 꽂고 연등을 달았지요. 해가 저물어 어두워질수록 연등은 더욱 밝게 빛났어요. 빛나는 연등처럼 기쁜 소식이 오면 얼마나 좋을까요?

우물귀신 작전을 벌이고 나서도 동네의 집들은 계속 허물어졌어요. 반야의 아버지와 어머니는 입맛을 잃어 끼니를 거르기까지 했지요. 그런데 어찌 된 일인지 사람들을 괴롭히던 건달들이 며칠 전부터 보이지 않았어요.

'작전이 성공했나? 아닌가? 어휴, 도대체 어떻게 돌아가는 거야. 답답해 죽겠네.'

무슨 일이 생기면 꼬마가 기별을 해 주기로 했는데 아직 감감무소식이었어요.

'부처님, 이 집을 꼭 지킬 수 있게 도와주세요.'

반야는 연등을 보며 어느 때보다 간절히 기도했어요. 그때였어요. 동네 어귀에서 익숙한 노랫소리가 들려왔어요.

"엇! 이 노래는?"

바로 쿠툴룩을 꾀기 위해 반야가 퍼뜨린 노래였어요. 잠시 후 한 무리의 아이들이 노래를 부르고 북을 두드리며 몰려왔어요. 그토록 기다렸던 꼬마가 앞장서 노래를 부르고 있었어요.

"어, 꼬마잖아? 꼬마야, 여기 여기."

반야는 세차게 손을 흔들었어요. 꼬마가 한걸음에 달려왔어요.

"반야 아가씨, 좋은 소식이 있어요."

좋은 소식이라는 말에 반야의 가슴이 두근대기 시작했어요.

"참의찬성사 나으리께서 새 집을 짓지 않기로 결정하셨어요."

"정말? 그 말 진짜야?"

반야는 믿기지 않아 묻고 또 물었어요. 꼬마가 자초지종을 설명해 줬어요.

"쿠툴룩 아가씨가 귀신이 나오는 동네로는 이사 가지 않겠다며 밤낮으로 울고불고 떼를 쓰는 바람에 그렇게 되었대요."

연등회

팔관회와 더불어 고려를 대표하는 국가적 불교 행사예요. 봄에 열렸으며 곳곳에 연등을 달아 부처님의 공덕이 널리 퍼지기를 기원했어요. 이날이 되면 임금은 태조 왕건의 사당을 모신 봉은사를 찾았고, 백성들은 집집마다 등을 달고 거리에서 벌어지는 공연을 밤새도록 즐겼지요. 오늘날에도 석가 탄신일이 되면 사찰과 도로변에 등을 다는 연등회의 풍습이 이어지고 있어요.

반야는 뛸 듯이 기뻤어요. 작전이 성공했으니까요.

"그럼 아가씨, 전 가 봐야 해요. 친구들이랑 호기를 해서 등 값을 벌기로 했거든요."

꼬마가 꾸벅 인사하고 아이들 무리로 가려고 했어요.

"잠깐만 기다려."

그리고 후다닥 부엌으로 가 쌀을 퍼 왔어요.

"얼마 안 되지만 등 값에 보태."

호기

아이들이 연등 만들 재료비를 구하려고 집집마다 다니며 쌀과 베를 얻는 놀이예요. 아이들은 종이를 잘라 장대 끝에 매달고, 물고기 껍질로 만든 북을 두드리고 노래를 부르며 떼 지어 몰려다녔어요. 《고려사》에는 공민왕이 아이들을 궁으로 불러 호기를 시켜 구경한 뒤 베 백 필을 하사했다는 기록이 있어요.

반야는 꼬마가 등에 멘 주머니에 쌀을 부어 줬어요. 그걸 본 다른 아이들이 우르르 몰려와 너도나도 손을 벌렸어요.

"기분이다! 차례대로 줄 테니 줄을 서 봐."

반야의 마음은 하늘을 날아갈 듯했어요. 매일이 오늘만 같으면 쌀독이 텅텅 비어도 상관없을 거예요.

반야는 곧 고려를 떠날 탕롱에게 멋진 연등 행렬을 보여 주고 싶었어요. 그래서 남대가 찻집 앞에서 만나기로 했어요. 연등회가 시작되면 임금님은 태조 왕건을 기리기 위해 봉은사로 행차했는데, 찻집은 궁궐에서 봉은사까지 가는 길의 한복판에 있어 구경하기에 최고였거든요. 또한 임금님의 행차 길을 밝히려고 달아 놓은 연등은 그 모양이 독특해 큰 구경거리였어요.

"우아! 나무에 황금 열매가 열린 것 같아."

반야는 나무에 주렁주렁 매달린 등을 보며 감탄했어요. 그 옆에는 어른 키 몇 곱절만큼 겹겹이 쌓아 올린 등도 있었는데, 마치 활활 불타는 거대한 산처럼 보였어요. 그뿐만이 아니었어요. 곳곳에 설치된 채붕에서는 광대들이 탈을 쓰고 음악에 맞춰 춤추며 노래를 불렀어요.

"오늘은 통행금지도 없으니 밤새도록 놀아야지."

탕롱과 박사와 함께 밤새 거리를 쏘다닐 생각을 하니 반야의 가슴이 두근거렸어요. 찻집 이 층에는 구경꾼들이 벌써부터 자리를 차지하고 행렬이 지나가기만을 기다리고 있었어요. 친구들이 늦을까 봐 조바심이 난 반야는 발꿈치를 들고 두리번거렸어요. 그때 사람들 틈 사이로 탕롱과 박사가 보였어요. 변발 아니면 상투를 튼 고려 남자들 사이에서 더벅머리 탕롱은 눈에 확 뜨였어요.

"늦는 줄 알았잖아."

반야가 슬쩍 눈을 흘겼어요.

"뭐가 늦어? 아직 해도 안 졌는데?"

박사가 눈치 없게도 엉뚱한 소리를 했어요. 반야는 박사의 옆구리를 팔꿈치로 쿡 찔렀어요.

채붕과 산대

채붕과 산대는 우리의 전통 무대를 일컫는 말이에요. 채붕은 나무로 단을 만들고 지붕에 오색 장막을 늘어뜨린 무대인데, 악기 연주나 탈놀음 등이 벌어졌어요. 산대는 산 모양을 본떠 만든 무대로, 꽃이나 인형 등에 기계장치를 달아 움직일 수 있게 만들었어요. 채붕과 산대는 국가적 행사 때마다 거리 곳곳에 설치되어 구경거리를 제공했고 조선 시대까지 이어졌어요.

"우리는 내년에도 볼 수 있지만 탕롱은 아니잖아."

모르고 봐야 감동이 클 것 같아서 탕롱에게 자세히 말하지 않았거든요. 탕롱이 옥신각신하는 반야와 박사를 걸뚱멀뚱한 눈으로 번갈아 봤어요.

"오늘 우리가 뭘 볼 거냐면 말이야……."

반야가 이유를 말해 주려는데, 갑자기 사람들이 웅성거리더니 길 양쪽으로 갈라섰어요.

"바로 저거야! 아슬아슬하게 시간 맞췄네."

반야가 탕롱과 박사의 소맷부리를 끌고 사람들을 헤치며 앞으로 갔어요. 궁궐 대문 쪽에서 펄럭이는 깃발의 행렬이 오고 있었어요.

"연등 행렬이다!"

"머리 좀 치워 봐요. 키 큰 사람이 앞에 있으면 뒷사람들은 하나도 안 보이잖우."

키 작고 땅딸막한 아주머니가 볼멘소리를 했어요. 그러자 키 큰 변발 총각이 고개를 더욱 꼿꼿이 쳐들었어요.

"저도 연등 행렬을 보려고 남경에서 올라왔다고요."

사람들은 너도나도 앞자리를 차지하려 밀쳤어요. 그 바람에 앞으로 고꾸라지는 사람도 생겨났어요. 반야와 박사와 탕롱은 넘어지지 않으려고 서로 손깍지를 꼭 꼈어요.

말을 탄 군사들이 화려한 수레 주위를 호위하며 점점 가까이 다가왔어요. 악기를 연주하는 악공들, 춤을 추는 무희들까지 섞여 보기 드문 구경거리가 펼쳐졌어요. 사람들은 고개를 조아리면서도 구경거리를 놓칠세라 연신 힐끔거렸어요. 반야는 탕롱에게 귓속말을 했어요.

"저 수레에 임금님이 타고 계셔."

수레가 코앞으로 다가왔어요. 반야는 깡충깡충 뛰었고 탕롱은 고개를 빼고 이리저리 기웃거렸어요. 그러나 비단 휘장과 커다란 황금색 일산에 가려 임금님 모습을 볼 수가 없었지요. 수레는 눈 깜짝할 새 지나가 버렸어요.

"고려 사람들은 임금님 행차도 즐겁게 구경하는구나."

탕롱이 감탄하며 말했어요. 그러자 박사가 고개를 끄덕이며 덧붙였어요.

"연등 행렬이 지나는 것도 이곳이 도성의 중심이라서 그래. 백성들이 쉽게 보며 즐길 수 있으니까."

"역시 박사는 모르는 게 없어."

반야가 박사를 추켜세웠어요. 반야는 문득 참파 왕의 행차는 어떤 모습일까 궁금해졌어요. 탕롱에게 물어보자 자세히 말해 줬어요.

"나도 딱 한 번 봤는데, 왕께서는 황금 꽃과 비단 술로 장식한 기다란 모자를 쓰고 코끼리에 올라타 행차하셨어. 앞에서는 고동을 불고 북을 치는 무리가 행렬을 이끌고 시종들이 깃발을 들고 뒤따랐지. 그리고 셀 수 없이 많은 코끼리들이 줄지어 지나갔어."

반야는 머릿속으로 상상해 봤어요. 코끼리들의 발자국 소리와 우렁찬 고동 소리가 들리는 듯했어요.

"으악! 이게 뭐야!"

한창 상상 속에 빠져 있던 반야를 깨운 건 탕롱의 고함 소리였어요. 사자탈을 쓴 광대가 갑자기 커다란 머리를 들이대는 통에 탕롱이 놀라서 비명을 질러 댔거든요. 반야와 박사는 그 모습을 보고 배를 잡고 웃었어요.

진짜 축제는 연등 행렬이 지난 지금부터 시작이었어요. 그러나 반야와 친구들은 인파 속에서 이리저리 떠밀려 다니느라 제대로 구경할 수 없었어요.

"이러다가는 사람 구경만 실컷 하겠다."

반야가 입을 부루퉁하게 내밀었어요.

"아! 우리 용수산에 올라가자. 거기라면 도성이 한눈에 보일 거야."

박사가 손가락을 튕기며 외쳤어요. 용수산은 송악산과 함께 개경을 대표하는 산이에요. 개경 사람들은 부드러운 능선으로 이어진 용수산을 일컬어 어머니 같다고 했고, 우뚝 솟아 늠름해 보이는 송악산을 아버지 같다고 말했어요.

"이쯤이면 잘 보이겠다."

발 빠른 반야가 제일 먼저 올라 자리 잡았어요. 산등성이에서 내려다본 개경은 눈을 뗄 수 없을 정도로 화려했어요. 수만 개의 등불로 꾸며진 도성은 불꽃이 피어난 듯 아름다웠어요.

"우리 소원을 빌어 보자."

반야가 제안했어요. 셋은 눈을 감고 마음속으로 소원을 빌었어요.

'부처님 관세음보살님, 탕롱이 고려에서 오래오래 머물 수 있게 해 주세요…….'

반야는 간절히 소원을 빌다가 옆을 봤어요. 탕롱은 아직도 눈을 감고 있었어요. 그런데 처음 보는 목걸이를 손에 쥐고 있었어요. 동그란 나무판에 조개껍데기로 용무늬를 만들어 붙인 나전 목걸이였어요.

"못 보던 목걸이인데?"

"아버지 유품이야. 나를 증명해 주는 중요한 목걸이지."

탕롱이 알쏭달쏭한 대답을 했어요. 그러더니 갑자기 반야의 손을 꼭 잡고 진지한 표정으로 말했어요.

"난 오늘 밤을 절대 잊지 못할 거야."

몹시 감동한 듯 탕롱의 목소리가 떨렸어요.

"이렇게 멋진 추억을 갖게 해 줘서 정말 고마워."

들뜬 탕롱의 얼굴은 여느 때보다 빛이 났어요. 반야는 왠지 얼굴이 홧홧해져서 고개를 돌리고는 탕롱이 잡은 손도 슬그머니 뺐어요.

'만날 보던 얼굴인데 오늘따라 달라 보이네. 불빛 때문인가?'

그때였어요.

"어! 저기 쿠툴룩 아냐?"

박사가 손가락으로 커다란 느티나무를 가리켰어요. 느티나무 가지에는 화려한 등 하나가 걸려 있었고, 그 아래에서 쿠툴룩이 발을 동동 구르고 있었어요. 쿠툴룩은 시종도 없이 혼자였고 금방이라도 울 것 같은 얼굴이었어요. 주위에 수많은 사람들이 지나갔지만 쿠툴룩과 등을 힐끔거리기만 하고 본체만체할 뿐이었어요. 쿠툴룩은 그 누구보다 화려하게 꾸몄지만 세상에서 제일 외로워 보였어요.

반야는 문득 우물가에서 들었던 쿠툴룩의 소원이 떠올랐어요.

'제발 친구를 사귈 수 있게 해 주세요.'

반야는 쿠툴룩을 심술궂고 못된 아이라고 생각했어요. 집을 지키기 위해 꾀어냈을 때도 전혀 미안하지 않았지요. 그런데 속마음을 알고부터는 마음이 무척 불편했어요. 어쩌면 쿠툴룩에게 남모르는 사정이 있을지도 모른다는 생각이 들었지요.

"그래! 일단 도와주고 보자."

반야는 주먹을 꼭 쥐고 느티나무로 성큼성큼 걸어갔어요. 그러고는 다람쥐처럼 순식간에 나무 위로 올라가 등을 가지고 내려왔어요. 사람들이 '어어' 하며 쳐다봤고 쿠툴룩도 놀랐는지 입을 다물지 못했어요.

"이거 네 거지?"

반야가 등을 내밀었어요. 구슬과 옥으로 화려하게 장식한 등은 몹시 값비싸 보였어요. 쿠툴룩이 물끄러미 바라보다가 알겠다는 표정을 지었어요.

"말에서 떨어졌을 때 있던 그 애구나."

반야가 고개를 끄덕였어요. 쿠툴룩은 여물통을 뒤집어썼던 기억을 떠올리는지 이마를 찡그렸어요. 그러고는 무슨 말을 해야 할지 망설이는 눈치였어요.

결국 반야가 먼저 말을 건넸어요.

"그날 나 때문에 말에서 떨어졌지? 늦었지만 미안하다는 말을 하고 싶어. 당황해서 그만 사과할 생각도 못 하고 도망치기 바빴어."

"괜찮아. 사실 너 때문이 아니라 내가 실수해서 말이 놀란 거였는걸."

예전에 비해 목소리도 고분고분하고, 무엇보다 풀이 죽은 느낌이었어요. 쿠툴룩이 허리춤에서 향낭 한 개를 떼어 냈어요.

"이거 내가 좋아하는 향낭인데 너한테 잘 어울릴 것 같아."

향낭에서 좋은 냄새가 솔솔 났어요. 반야는 귀한 향낭을 선뜻 내어 주는 쿠툴룩이 새삼 다시 보이기 시작했어요. 바늘구멍처럼 작은 눈도 샛별처럼 빛나 보이고 넓죽한 얼굴도 복스럽게 보였어요.

"그런데 시종은 어디 가고 혼자 있는 거야?"

"연등 행렬 구경할 때 사람들한테 떠밀려 떨어졌어. 아마 지금쯤 나를 찾느라 난리 났을 거야."

"그럼, 우리랑 남대가에 함께 가자. 불꽃놀이도 하고 그림자 인형극도 구경하면서 맛난 것도 먹자. 그러면서 시종을 찾아봐도 되잖아."

쿠툴룩은 마치 같이 놀자는 말을 난생처음 들었다는 듯이 얼떨떨한 표정을 지었어요.

둘은 함께 산을 내려오며 이런저런 이야기를 나눴어요. 그러다 반야는 한 가지 놀라운 사실을 알게 되었지요. 쿠툴룩이 고려에서 태어났다는 사실이었어요.

"정말? 원나라가 아니고?"

눈이 동그래진 반야가 되물었어요. 쿠툴룩이 살짝 미소 지었어요.

"오라버니들은 원나라 수도인 대도에서 태어나 고려로 왔지만 난 이곳에서 태어났어. 개경이 고향인 셈이지. 그래서인지 작년에 처음 대도에 갔었는데, 낯설고 어색해서 빨리 돌아오고 싶더라. 그렇지만……."

말꼬리를 흐리는 쿠툴룩의 얼굴이 조금 어두워졌어요.

"어디에 있든 외롭기는 마찬가지야. 고려에서 태어났어도 아이들은 나를 놀이에 끼워 주지 않았어. 그러다 우연히 아이들이 수근대는 소리를 들었어. 쿠툴룩은 이상하게 생겨서 싫다고……. 아이들이 따돌린 건 바로 내 생김새 때문이었어."

반야는 쿠툴룩을 자세히 뜯어봤어요. 확실히 쿠툴룩은 고려 여자와는 생김새가 달랐어요. 그렇지만 나라도 다르고 민족도 다른 쿠툴룩이 생김새가 다른 건 당연하다는 생각이 들었어요.

"도대체 누가 그런 소리를 해? 너 하나도 안 이상해."

반야가 편을 들어 주자 쿠툴룩의 얼굴이 환해졌어요. 반야는 쿠툴룩이 왜 괴팍해졌는지 알 것 같았어요. 아이들의 따돌림과 외로움이 쿠툴룩을 그리 만든 것이지요.

반야는 쿠툴룩과 친구가 되어 보기로 마음먹었어요. 하지만 그전에 먼저 쿠툴룩에게 사실대로 해야 할 말이 있었어요. 바로 우물귀신 작전에 관한 거였지요. 친구라면 서로에게 솔직해야 하니까요. 그렇지만 막상 사실을 털어놓으려니 망설여졌어요.

'내가 꾸민 짓인 걸 알고 아버지에게 이른다고 하면 어쩌지?'

반야는 고민 끝에 말머리를 꺼냈어요.

"저기 있잖아…… 사실 너한테 꼭 해야 할 말이 있어."

쿠툴룩의 표정을 살피며 자초지종을 털어놓았어요. 그런데 이야기를 다 듣고 난 쿠툴룩은 생각보다 담담한 얼굴이었어요.

"그날 밤 정말 놀라기는 했지만 괜찮아. 집을 강제로 빼앗길 처지가

됐다면 나도 너처럼 했을 거야."

뜻밖에도 쿠툴룩이 마음을 이해해 줘서 반야는 무척 고마웠어요.

"참! 박사와 탕롱을 잊고 있었네."

반야는 문득 허전한 느낌이 들어서 황급히 뒤돌아 두리번거렸어요. 사람이 아무리 많아도 탕롱의 풀어헤친 머리는 눈에 확 띌 테니까요. 아니나 다를까 저 멀리서 탕롱이 머리카락을 휘날리며 뛰어오고 있었어요. 그 뒤를 박사가 따라왔고요.

"말도 안 하고 사라지면 어떡해?"

탕롱이 헉헉거리며 말했어요. 몸 쓰는 데 소질 없는 박사는 혀를 빼물고 털썩 주저앉았어요. 그러고는 의심스런 눈빛으로 반야와 쿠툴룩을 쏘아봤어요.

"둘이 어떻게 친해진 거야?"

"어떻게 친해졌는지는 비밀! 너희들이 알아야 할 건, 오늘부터 나랑

쿠툴룩이 친구라는 사실이야."

반야가 쿠툴룩의 손을 잡고 들어 올렸어요.

"반야의 친구는 내 친구기도 하지. 쿠툴륵 아가씨는 지금부터 내 친구야."

탕롱이 얼른 끼어들었어요.

"그렇다면 나도 친구야!"

박사는 까닭을 모르겠다는 얼굴이었지만 동의했어요. 쿠툴룩은 수줍은지 얼굴을 붉혔어요.

"박사야, 얼른 일어나. 남대가에 가서 밤새도록 놀아 보자!"

반야가 씩씩하게 앞장섰어요. 하늘에 사람들이 쏘아 올린 오색 불꽃이 활짝 피어났어요.

고려인이 된 탕롱

"얘가 방에도 없고 아침부터 어디 간 거야?"

반야 어머니는 반야를 찾으며 집 안 이곳저곳을 돌아다녔어요. 담장 위에도 없고 마당의 벚나무 위에도 안 보였어요. 그때 뒤뜰에 있는 광에서 이상한 소리가 들렸어요. 광문을 살짝 열고 들여다보니, 반야가 탁자에 앉아 뭔가를 만들고 있었어요. 뭐가 그리 열심인지 콧잔등에 땀이 송골송골 맺혀 있었어요.

"아니 서쪽에서 해가 뜨려나? 광이라면 얼씬도 안 하더니 별일이네."

반야네 광은 어머니의 작업실이었어요. 어머니는 틈만 나면 광에 가서 나전으로 빗이나 화장품 용기 같은 작은 생활용품을 만들었어요.

"탕롱에게 줄 선물이에요. 보름 후면 고려를 떠나거든요."

"에미가 배우라고 할 땐 귓등으로도 안 듣더니?"

어머니가 알겠다는 듯 실눈을 떴어요. 반야는 괜스레 얼굴이 달아올랐어요. 그래서 허둥대며 말을 돌렸어요.

"어머니, 이렇게 하는 거 맞아요?"

반야는 어릴 때부터 어머니가 나전 칠기 만드는 걸 봐서 제작 방법은 대강 알고 있었어요. 그래서 상자에 까맣게 옻칠하는 것까지는 성공했는데 전복 껍데기가 문제였어요. 아무리 작게 잘라 붙여도 어머니가 만든 것에 비하면 투박했어요.

"이런, 전복 껍데기가 너무 두껍네. 숫돌로 더 얇게 갈고 작게 조각내 붙여야 맵시 있지."

어머니가 이리저리 살펴보더니 직접 시범을 보여 줬어요. 반야는 하나라도 놓칠세라 눈도 깜박이지 않았어요.

꼬박 닷새 동안 만든 끝에 마침내 탕롱에게 줄 선물이 완성되었어요. 까맣게 옻칠한 상자 뚜껑에 전복 껍데기 조각을 잘라 코끼리 머리 모양으로 붙였어요. 탕롱이 제일 좋아하는 가네샤 신의 얼굴을 본딴 것이지요. 힘들 때마다 신의 은총으로 이

나전 칠기 만드는 법

1. 조개나 전복 껍데기를 숫돌로 갈아 얇게 만든 다음 무늬에 알맞게 끊어요.

2. 바탕 나무에 옻칠을 하고 그 위에 베 헝겊을 덧발라요.

3. 까맣게 흑칠을 한 뒤 흙가루와 옻을 섞어 칠해요.

4. 그 위에 자개를 모양에 맞게 올려놓아요.

5. 자개에 옻 원액을 칠하고 갈아 낸 후 광을 내요.

겨 내라는 뜻을 담았어요.

"이제 떠나면 다시 볼 수 있을까? 이걸 보면서 나를 생각해 주면 좋을 텐데."

반야가 혼잣말을 중얼거리고 있는데 문이 삐걱 열리며 쿠툴룩이 들어왔어요. 쿠툴룩은 상자를 보고 소리부터 질렀어요.

"꺄악! 진짜 예쁘다. 탕롱 마음에 쏙 들겠어."

그러고는 상자를 들어 햇빛에 비춰 봤어요. 얇게 간 전복 껍데기는 햇빛에 반짝반짝 빛이 났어요. 은색 선을 꼬아 코끼리를 장식해서 그런지 더욱 화려해 보였어요.

친구 하기로 말한 뒤로 쿠툴룩은 거의 매일 놀러 왔어요. 반야는 날이 갈수록 쿠툴룩이 마음에 들었어요. 쿠툴룩은 반야에게 화장법도 가르쳐 줬어요. 덕분에 난생처음 연지도 바르고 족두리도 써 봤지요. 처음에는 화장이 서툴러 광대처럼 보였지만 하면 할수록 솜씨가 늘었어요. 어린애처럼 짧게 입던 치마도 길게 내려 입었어요.

"천방지축 우리 딸이 드디어 철들었구나."

차림새가 달라지자 어머니가 뛸 듯이 기뻐했어요. 그러고는 꽃수를 놓은 긴 치마를 몇 벌이나 만들어 줬어요.

쿠툴룩은 반야에게 원나라 여자들이 고려 여자의 차림을 따라 한다는 것도 알려 줬어요.

"지난번 대도에 갔을 때 사촌들을 만났는데, 나를 보더니 고려에서 살아서 그런지 고려 여인들처럼 피부가 곱다며 예쁘다고 하지 뭐야? 알고 보니 대도에서는 지금 고려 풍속이 유행이래. 치마도 고려식으로 넓게 퍼지게 입고 화장도 따라 하는 여자들이 많대."

아름다움을 중요하게 여긴 고려 사람들

고려 사람들은 부처님께 불공을 드리며 마음을 다스렸어요. 이뿐만 아니라 외모를 가꾸는 데도 열심이었어요. 목욕을 자주 해서 늘 겉모습을 깔끔하게 했고, 여자들은 분과 연지로 가벼운 화장을 했어요. 장신구로 비단 향주머니를 차고 다녔고 밑단이 넓게 퍼지는 치마를 즐겨 입었지요.

고려에서는 출세를 위해 몽골식 차림을 하고 몽골어를 배우는데, 원나라에서는 거꾸로 고려 풍속이 유행한다니 알다가도 모를 일이었어요. 세계를 정복할 만큼 강한 원나라에서 고려식 치마를 입은 몽골 여자들이 많다니, 반야는 이런 생각을 할 때마다 어깨가 으쓱해졌어요.

나전 상자를 뜯어보던 쿠툴룩이 이번에는 반야의 얼굴을 살폈어요.

"탕룽이 내일 온댔지?"

"응, 그런데 왜?"

쿠툴룩이 쯧쯧 혀를 차며 고개를 저었어요.

"안 되겠어. 내가 실력 발휘 좀 해 봐야지."

그러더니 준비를 해야 한다며 쏜살같이 광을 나갔어요.

탕룽이 반야네 집에 오기로 한 날이었어요. 반야는 이른 아침부터 들이닥친 쿠툴룩에게 몇 시간째 얼굴을 맡기고 있었어요. 쿠툴룩은 우선 가무잡잡한 반야 얼굴에 분을 칠해 뽀얗게 만들고 눈썹을 가늘고 평평하게 그렸어요. 그러고는 손가락에 연지를 묻혀 입술에 연하게 칠했어요. 마지막으로는 동백기름을 발라 머리를 가지런히 만든 다음 양쪽으로 갈라 둥글게 말아 올렸어요.

청동 거울에 비친 모습은 천방지축 소녀가 아닌 아름다운 아가씨였어요. 반야가 보기에도 자기 모습이 여느 때보다 아름다워 보였지요.

쿠툴룩이 만족스러운 얼굴로 말했어요.

"어디 보자. 한번 돌아볼래?"

시키는 대로 두 팔을 벌리고 빙글 돌자 풍성해 보이도록 겹쳐 입은 치마가 둥글게 퍼졌어요. 반야는 절로 입꼬리가 올라갔어요.

"아직 끝난 게 아냐. 이것까지 꽂아야 완성이지!"

쿠툴룩이 무언가를 반야 머리에 꽂았어요. 나뭇가지 모양의 청동 머리꽂이였어요.

"우아, 진짜 예쁘다!"

머리가 움직일 때마다 나뭇가지 끝의 잎사귀가 살랑살랑 흔들렸어요. 반야는 그 모양이 예뻐 자꾸 머리를 흔들었어요.

고려양과 몽골풍

원나라에서 유행한 고려의 풍습을 '고려양', 고려에서 유행한 몽골의 풍습을 '몽골풍'이라고 해요. 몽골풍은 고려의 왕비가 된 원나라 공주의 영향을 받아 고려의 지배층을 중심으로 퍼졌어요. 임금의 밥상을 뜻하는 '수라', 벼슬아치의 '치', '아락주'(소주) 등은 오늘날까지 남아 있는 몽골의 흔적이에요. 혼인할 때 쓰는 족두리도 몽골 여인들이 쓰던 '고고'를 따라 한 것이지요. 고려양은 원나라로 끌려간 고려 사람들에 의해 전해졌어요. 이들은 고려를 그리워하며 고려식 옷을 입고 고려 음식을 만들어 먹었는데 이를 원나라 사람들이 따라 하면서 유행하게 되었지요. 지금의 약과인 유밀과도 '고려병'이라는 이름으로 원나라 사람들이 즐겨 먹었어요.

반야와 쿠툴룩은 탕롱을 맞이하려고 앞뜰로 나갔어요. 마침 탕롱이 막 대문으로 들어섰어요.

"윤반야 맞아? 이렇게 차리니 꼭 공주님 같아."

탕롱이 감탄하며 반야 주위를 빙글빙글 돌았어요. 무척 놀란 눈치였어요.

"흐흠, 안 꾸며서 그렇지 이래 봬도 빠지는 미모는 아니라고."

반야가 턱을 들고 으스댔어요. 그런 반야를 쿠툴룩이 곁눈질하며 쿡쿡 웃었어요.

그런데 탕롱의 차림새가 쌀쌀한 봄 날씨와 맞지 않았어요. 넓은 천 하나로 허리 아래를 휘감고 위에는 옷 대신 자개 목걸이만 걸쳤을 뿐이었어요. 발에는 가죽신을 신었지만 아무리 봐도 웃통을 훌렁 벗은 것 같아 추워 보였어요.

반야가 위아래로 훑자 탕롱이 빙긋 웃으며 설명했어요.

"이 옷은 '길패'라는 참파 옷이야. 너희들에게 보여 주고 싶어서 입고 왔지. 참파는 일 년 내내 더워서 다들 이렇게 입는단다."

"참파 사람들은 모두 가죽신을 신니?"

탕롱의 가죽신을 가리키며 반야가 물었어요. 고려 사람들은 신분이 높거나 부자들만 가죽신을 신었고 일반 백성들은 주로 짚으로 만든 짚신을 신었어요.

"참파에서도 가죽신은 주로 귀족들이 신어. 오늘은 특별한 날이라 나도 신경 좀 썼지."

탕롱이 주위를 두리번거리며 물었어요.

"박사는 안 왔어?"

"학당에서 중요한 시험을 본대. 시험 끝나고 바로 오기로 했어."

요즘 들어 박사는 목표가 생겼다며 부쩍 공부를 열심히 했어요. 박

사의 꿈은 삼 년 안에 과거에 급제하는 거였어요. 사실 박사는 책 읽기를 좋아하고 호기심이 많을 뿐, 벼슬에는 별 관심이 없었어요. 그런데 유랑민 꼬마를 본 뒤로 마음이 바뀌었대요. 힘없는 백성도 편안하게 살 수 있는 고려를 만들고 싶다고요. 그러려면 나랏일을 하는 관리가 돼야 하고, 관리가 되려면 과거에 급제해야 하니까 공부를 열심히 하는 거였어요.

어머니와 아버지가 나와 탕롱을 반갑게 맞이했어요.

"처음 뵙겠습니다, 어르신. 응우옌 탕롱이라고 합니다."

탕롱은 참파 고유의 인사법으로 인사를 했어요. 인사를 받던 아버지가 탕롱의 목걸이를 뚫어지게 바라봤어요.

"탕롱아, 네 목걸이 좀 자세히 볼 수 있겠니?"

탕롱이 얼른 목걸이를 벗어 아버지에게 건넸어요. 아버지가 목걸이를 이리저리 살피더니 황급히 집 안으로 들어갔어요. 그러고는 작은 상자 하나를 가지고 나왔지요.

'어? 저 상자는 사돈어른이 아버지께 주셨던 건데?'

반야는 설날 차 시중을 들었을 때 상자를 봤던 기억이 났어요. 뭐냐고 물으려다 박사가 들어오는 바람에 묻지 못했더랬지요.

아버지는 뚜껑을 열어 속을 보여 줬어요.

"탕롱의 목걸이랑 똑같아요!"

　둥근 나무 판이며 한가운데 붙인 나전 용무늬까지, 탕롱의 목걸이와 쌍둥이처럼 똑같았어요. 탕롱도 믿을 수 없는지 자꾸 눈을 비비며 목걸이를 들여다봤어요.

　아버지가 탕롱의 손을 덥석 잡고 외쳤어요.

　"세상에! 사돈이 애타게 찾던 리씨 왕가의 후손이 바로 여기 있었구나!"

　사돈의 조상은 대월국 리씨 왕가의 왕자였어요. 어느 날 신하였던 쩐씨가 정권을 잡고 리씨 왕족을 몰살시키려 했어요. 목숨을 부지한 왕족들은 용무늬 목걸이를 리씨 왕손의 표식으로 삼고 뿔뿔이 흩어졌어요. 왕자는 배를 타고 표류하다 어떤 곳에 도착했는데, 그곳이 바로 고려의 황해도였어요. 왕자는 고려에 정착했고, 후손인 사돈어른은 잃어버린 리씨 왕손을 찾으려고 반야의 아버지에게 부탁을 해 둔 터였어요. 개경은 고려의 어떤 곳보다 외국인이 많아서 그만큼 찾기 쉬울 테니까요.

순간 반야 머릿속에 불이 번쩍 들어왔어요.

"잠깐만요, 탕롱은 리씨가 아니고 응우옌씨라고요!"

그러자 묵묵히 듣고만 있던 탕롱이 입을 열었어요.

"난 대월의 리씨가 맞아. 나도 아버지한테 그 사실을 듣기 전까지는

당연히 내가 참파 사람인 줄 알았어. 아버지도 나처럼 할아버지가 돌아가실 때가 되어서야 알게 되셨대. 언젠가 네가 사돈어른이 대월 사람이라고 말했을 때, 그분이 혹시 쩐씨일지도 모른다는 생각에 무척 겁이 났었어. 리씨 사람들은 목숨을 부지하려고 성까지 바꾸며 숨어 살아왔으니까."

탕롱의 이야기를 들은 식구들 모두 눈이 휘둥그레졌어요.

"그래서 성을 응우옌으로 쓴 거구나! 아버지도 탕롱이 참파에서 왔다니, 혹시나 해서 성이 무엇이냐고 물은 것이고요. 맞지요?"

반야가 조잘거리자 아버지가 탕롱의 손을 더욱 꽉 잡았어요.

"등잔 밑이 어둡다더니, 이렇게 가까이 살았는데도 못 찾았구나."

"어이구, 이러고 있을 때가 아니네요. 얼른 이 기쁜 소식을 사돈께 알려야지요."

어머니가 허둥대며 말했어요.

"그럽시다. 어서 사람을 보냅시다."

반야는 모든 게 꿈만 같았어요. 문득 연등회 밤에 빌었던 소원이 떠올랐어요.

'부처님 관세음보살님, 탕롱이 고려에서 오래오래 머물 수 있도록 해 주세요······.'

반야는 정신없이 전복 껍데기를 갈았어요. 남국점에서 주문한 날까지 물건을 다 만들려면 밤을 새도 모자랄 판이었지요. 반야가 만든 코끼리 나전 상자는 남국점의 인기 상품이 되었어요. 탕롱이 선물로 받은 상자를 가게에 놓아 뒀는데, 우연히 남국점 주인이 보고는 감탄하며 물었다지요.

"일반적인 나전 칠기에서 볼 수 없던 코끼리 무늬구나. 도대체 누가 만든 것이냐?"

탕롱이 반야 이야기를 들려주자 남국점 주인은 반야를 만나고 싶어

했어요. 남국점에서 코끼리 나전 상자를 팔고 싶다면서요. 그래서 반야는 얼떨결에 나전 칠기를 만들게 되었어요.

"참으로 사람의 앞날은 모르는 거야. 천방지축 윤반야가 만든 나전 칠기가 이렇게 불티나게 팔릴 줄이야."

어머니가 광에 들어와 중얼거렸어요. 꼼짝 않고 종일 작업에 몰두하는 반야가 낯선지 볼 때마다 신기해했어요.

"참, 승룡이가 오늘 온댔지? 누구는 참 좋겠네."

어머니 말씀에 반야 얼굴이 홍시처럼 붉어졌어요.

어느덧 삼 년이 지나 반야는 어엿한 열다섯 아가씨가 되었어요. 그동안 많은 일들이 일어났어요. 탕롱은 '이승룡'이라는 고려 이름을 얻고 안남 이씨가 되었어요. 탕롱은 대월 말로 '용이 하늘로 올라가다'라는 뜻이라고 해요. 그래서 사돈어른이 '오를 승'에 '용 용' 자를 써 '승룡'이라는 이름을 지어 줬어요. 승룡은 고려에서 함께 살자는 사돈 어른의 말씀을 사양하고 상단을 따라 원나라의 천주로 갔어요. 천주는 셀 수 없이 많은 배가 드나드는 유명한 무역 항구였어요. 승룡은 열심히 장사를 배워 직접 상단을 운영하고 싶어 했어요. 그리고 오늘이 바로 승룡이 천주에서 고려로 돌아오는 날이었어요.

"반야야, 나 왔어."

"나도 왔다."

쿠툴룩과 박사가 반야네 집으로 왔어요. 모두 승룡을 보기 위해 오랜만에 모인 것이지요.

"장원 급제자 납셨어요?"

반야가 박사를 보고 너스레를 떨었어요. 박사는 열다섯에 응시한 국자감시에서 장원 급제를 했어요. 친구지만 참 대단해 보였지요.

쿠툴룩은 여전히 반야와 단짝이지만 또래 친구들도 많이 생겼어요. 단옷날 그네뛰기 겨루기를 했는데, 반야가 으뜸이었고 쿠툴룩이 버금이었어요. 그 활달한 모습을 본 또래들이 쿠툴룩을 다시 보기 시작했어요. 쿠툴룩의 세련된 꾸밈 솜씨도 인기를 끄는 데 한몫했지요.

갑자기 대문이 활짝 열렸어요. 문밖에 탕롱이 서 있었어요. 반야는 가슴이 마구 뛰었어요. 곱슬머리를 고려 남자처럼 검은 비단으로 단정하게 묶은 탕롱은 못 본 사이에 키가 훌쩍 크고 어깨가 벌어져 늠름한 청년이 되어 있었어요.

"윤반야! 박사! 쿠툴룩! 그동안 잘 있었어?"

우렁찬 목소리로 인사하며 탕롱이 성큼성큼 다가왔어요. 탕롱이 다가올수록 반야의 가슴은 하늘에 띄운 연처럼 높이높이 올라갔어요.

 정교하고 화려한 고려의 공예

고려 사람들은 뛰어난 기술로 화려한 공예품을 제작했어요. 그중에서도 고려청자와 나전 칠기가 대표적이지요.

고려청자는 아름다운 비색으로 유명했어요. 특히 상감 기법으로 만든 상감 청자는 고려를 대표하는 청자로 이름을 날렸지요. '상감'이란 그릇 표면에 무늬를 파고 하얀 흙으로 메워 굽는 방법이에요. 무신 정권 때 개발되었지요. 고려청자는 귀족 문화가 발달했던 11세기에 절정을 이뤘고 고려 후기가 되면서는 점점 소박한 분청사기가 인기를 얻었어요.

나전 칠기는 옻칠한 그릇이나 가구에 자개를 여러 문양으로 붙여 만든 나무 그릇을 말해요. 자개는 조개나 전복 껍데기를 얇게 간 조각인데, 자개의 둘레를 금속으로 만든 선으로 두르기도 했어요. 그래서 고려의 나전 칠기는 조선 시대의 것보다 훨씬 귀족적이고 화려했어요. 나전 기술자인 나전장은 중상서에 소속되어 궁에서 쓰는 물건을 제작했고 좋은 대우를 받았어요.
그 밖에도 고려 시대 때는 불교의 발달로 불화와 불상이 많이 제작되었고 자수와 매듭 공예도 발달했어요.

상감청자 만드는 법

❶ 그릇에 그림을 그리고 조각칼로 홈을 파내요.

❷ 파낸 부분에 다른 색의 흙을 넣어요.

❸ 건조 후에 가마에 넣고 구워요.

❹ 유약을 바르고 다시 고온에서 구워요.

• 읽고 나서 생각하기 •

다양한 문화를 끌어안은 고려의 힘

"요동에 별천지가 있으니 중국 왕조와 뚜렷이 구분된다."

이승휴가 지은 《제왕운기》에 나오는 구절로, 고려가 중국과 구분되는 독자적인 나라라는 뜻입니다. 세계의 질서가 원나라를 중심으로 돌아가던 시대에 독립된 국가와 풍습을 유지했던 고려의 자부심을 엿볼 수 있지요. 원이 정복한 나라들은 대부분 원나라의 일부가 되었기 때문에 독립된 국가 형태를 유지했던 것은 세계적으로도 드문 경우였습니다.

몽골족이 세운 원나라는 아시아를 넘어 유럽의 일부까지 정복할 정도로 강대국이었습니다. 그런데 어느 날, 고려에 온 몽골 사신이 죽임을 당하는 사건이 벌어졌습니다. 원나라는 이를 구실로 삼아 대군을 이끌고 고려를 침략했고, 그렇게 30년간의 전쟁이 시작되었습니다.

고려 정부는 개경에서 강화도로 수도를 옮겨 침략에 대응했고 백성들도 물러서지 않고 용감하게 맞서 싸웠습니다. 그러나 오랜 전쟁으로 나라가 황폐해졌고 백성들의 생활은 비참해졌지요. 고려는 나라와 백성을 지키기 위해 어쩔 수 없이 원나라와 화친을 맺었습니다.

'원 간섭기'라고 불리는 이때 고려는 많은 변화를 겪었습니다. 고려의 세자는 원의 공주와 결혼했고, 그 사이에서 난 왕자를 고려의 왕으로 삼았습니다. 또한 원에 충성하라는 의미로 왕의 이름 앞에 '충' 자를 붙였지요. 이뿐만 아니라 막대한 공물까지 요구해서 백성들이 끝없는 가난에 시달려야 했습니다.

공물에는 사람도 포함되었는데 남자는 궁중의 환관으로, 여자는 궁녀나 잡일을 시킬 목적으로 끌고 갔습니다. 이때 원으로 간 고려 사람들에 의해 원나라에서는 '고려양'이라 불리는 고려 풍습이 유행하기도 했습니다. 원의 간섭을 받는 약 100여 년 동안 고려 사회는 곳곳에서 원의 영향을 받았습니다.

고려 사람들은 어려움 속에서도 세계 여러 나라와 활발하게 교류했습니다. 몽골인을 따라서 고려를 방문하는 외국인이 늘어났고, 이들을 통해 들어온 풍속이 생활 속에 섞이며 새로운 문화가 만들어졌지요. 전통 혼례에서 흔히 볼 수 있는 '족두리'와 볼에 찍는 '연지'도 몽골에서 영향을 받은 풍습입니다. 또한 전통 술로 알려진 '소주'도 서아시아의 '아라끄'가 몽골을 거쳐 고려로 들어와 '아락주'가 되었고 지금의 소주로 자리 잡게 된 것이지요. 우리가 전통이라고 믿고 있는 것들이 이렇듯 서로 다른 문화를 받아들여 조화롭게 섞인 결과라는 사실은 곱씹어 볼 만한 점입니다.

이뿐만 아니라 외국인도 귀화해 고려인으로 정착했습니다. 무슬림이었던 색목인, 삼가는 충렬왕에게 '장순룡'이라는 이름을 하사받고 '덕수 장씨'의 시조가 되었습니다.

혁씨, 폄씨, 팔씨……. 이제 우리 곁에도 많은 외국인들이 한국으로 귀화하며 성과 이름을 새로 만들고 있습니다. 지금은 조금 낯설게 느껴질 수 있지만, 세월이 흐른 뒤에는 장씨나 이씨처럼 우리 속에 자연스럽게 스며들 것입니다. 이들과 함께 들어온 풍습도 우리 문화 속에 섞여 새로운 전통으로 이어지겠지요.

대제국 원의 간섭에도 끝까지 나라를 유지했던 고려의 힘은 탕룽뿐 아니라 쿠툴룩까지 진정한 친구로 받아들인 반야의 모습에서 짐작해 볼 수 있을 것입니다. 활짝 열린 마음을 가졌던 고려 사람들의 이야기를 보며, 지금 우리는 어떤 마음과 태도를 지녀야 할지 생각해 볼 수 있기를 바랍니다.

국립중앙도서관 출판시도서목록(CIP)

대월국 왕족, 고려 사람이 되다 / 글: 최주혜 ; 그림: 이장미. —
고양 : 위즈덤하우스 미디어그룹, 2018
  p. ;   cm. — (어린이 역사 외교관 ; 05.고려 후기)

감수: 이강한
ISBN 978-89-6247-299-8 74910 : ₩12000
ISBN 978-89-6247-920-1 (세트) 74910

한국사[韓國史]
고려사[高麗史]

911.04-KDC6   CIP2018035430

어린이 역사 외교관 05 고려 후기
대월국 왕족, 고려 사람이 되다

초판 1쇄 인쇄 2018년 11월 8일
초판 1쇄 발행 2018년 11월 15일

글 최주혜   그림 이장미   감수 이강한
펴낸이 연준혁   스콜라 부문대표 신미희

출판5분사 편집 조윤지   디자인 초록달팽이

펴낸곳 (주)위즈덤하우스 미디어그룹   출판등록 2000년 5월 23일 제13-1071호
제조국 대한민국   주소 경기도 일산동구 정발산로 43-20 센트럴프라자 6층
전화 031) 936-4000   팩스 031) 903-3891   전자우편 scola@wisdomhouse.co.kr
홈페이지 www.wisdomhouse.co.kr   스콜라 카페 http://cafe.naver.com/scola1

ISBN 978-89-6247-299-8 74910
ISBN 978-89-6247-920-1(세트)

이 책은 저작권법에 따라 보호받는 저작물이므로 무단전재와 무단복제를 금지하며,
이 책 내용의 전부 또는 일부를 이용하려면 반드시 저작권자와 (주)위즈덤하우스 미디어그룹의
동의를 받아야 합니다.
＊잘못된 책은 바꿔드립니다.   ＊이 책의 사용 연령은 8~13세입니다.

스콜라는 (주)위즈덤하우스 미디어그룹의 아동·청소년 브랜드입니다.